王国维

王国维⊙著

陕西新华出版

太白文艺出版社·西安

图书在版编目（CIP）数据

　　近代名人文库精粹. 王国维 / 刘东主编；王国维著
. -- 西安：太白文艺出版社，2017.10（2024.5重印）
　　ISBN 978-7-5513-1119-9

　　Ⅰ．①近… Ⅱ．①刘… ②王… Ⅲ．①王国维（
1877-1927）－文集 Ⅳ．①Z425

　　中国版本图书馆CIP数据核字(2017)第235192号

近代名人文库精粹：王国维
JINDAI MINGREN WENKU JINGCUI：WANG GUOWEI

著　　者	王国维
主　　编	刘　东
责任编辑	荆红娟　姚亚丽
封面设计	揽胜视觉
版式设计	刘兴福
出版发行	太白文艺出版社
经　　销	新华书店
印　　刷	三河市嵩川印刷有限公司
开　　本	700mm×960mm　1/16
字　　数	185千字
印　　张	12
版　　次	2017年10月第1版
印　　次	2024年5月第2次印刷
书　　号	ISBN 978-7-5513-1119-9
定　　价	46.80元

目 录 Contents

王 国 维

人间词话

人间词

诗　歌

王 国 维

作者简介

　　王国维（1877—1927）　近代学者、文学家。字静安，一字伯隅，号观堂，浙江宁海人。民国时，曾任清华大学研究院教授。早年入罗振玉"东文学社"。学习日文、西洋哲学、文学、美术，而于叔本华、尼采之说，钻研尤深。一生博学多识，在文学、美学、史学、古文字学等方面均有建树。1907年起，研究词曲及中国戏曲史，撰成《人间词话》《曲录》，对中国古典戏曲的发展过程和历史潮流等作了富有见地的总结性的论述，对于元曲的艺术特色有许多精辟的分析。他反对把艺术作为道德政治的手段，主张保持艺术的纯粹性、独立性和超功利性，表现了他的唯心主义的文艺观。在《人间词话》中，发展了古代艺术的"意境"说，认为"词以境界为最上。有境界则自成高格，自有名句"，并提出"有我之境"与"无我之境"、"造境"与"写境"的区分等，有许多独到的见解和理论上的新贡献。一生著述多达60余种，辑为《王静安先生遗书》刊行。

上　卷

一

词以境界为最上。有境界则自成高格，自有名句。五代北宋之词所以独绝者在此。

二

有造境，有写境，此理想与写实二派之所由分。然二者颇难分别。因大诗人所造之境，必合乎自然，所写之境，亦必邻于理想故也。

三

有有我之境，有无我之境。"泪眼问花花不语，乱红飞过秋千去。""可堪孤馆闭春寒，杜鹃声里斜阳暮。"有我之境也。"采菊东篱下，悠然见南山。""寒波澹澹起，白鸟悠悠下。"无我之境也。有我之境，以我观物，故物我皆著我之色彩。无我之境，以物观物，故不知何者为我，何者为物。古人为词，写有我之境者为多，然未始不能写无我之境，此在豪杰

之士能自树立耳。

四

无我之境，人惟于静中得之。有我之境，于由动之静时得之。故一优美，一宏壮也。

五

自然中之物，互相限制。然其写之于文学及美术中也，必遗其关系，限制之处。故虽写实家，亦理想家也。又虽如何虚构之境，其材料必求之于自然，而其构造，亦必从自然之法则。故虽理想家，亦写实家也。

六

境非独谓景物也。喜怒哀乐，亦人心中之一境界。故能写真景物，真感情者，谓之有境界。否则谓之无境界。

七

"红杏枝头春意闹"，著一"闹"字，而境界全出。"云破月来花弄影"，著一"弄"字，而境界全出矣。

八

境界有大小，不以是而分优劣。"细雨鱼儿出，微风燕子斜"何遽不若"落日照大旗，马鸣风萧萧"。"宝帘闲挂小银钩"何遽不若"雾失楼台，月迷津渡"也。

九

严沧浪《诗话》谓："盛唐诸人，惟在兴趣。羚羊挂角，无迹可求。故其妙处，透彻玲珑，不可凑泊。如空中之音、相中之色、水中之月、镜中之象，言有尽而意无穷。"余谓：北宋以前之词，亦复如是。然沧浪所谓兴趣，阮亭所谓神韵，犹不过道其面目，不若鄙人拈出"境界"二字，为探其本也。

十

太白纯以气象胜。"西风残照，汉家陵阙。"寥寥八字，遂关千古登临之口。后世惟范文正之《渔家傲》，夏英公之《喜迁莺》，差足继武，然气象已不逮矣。

十一

张皋文谓："飞卿之词，深美闳约。"余谓：此四字惟冯正中足以当之。刘融齐谓："飞卿精妙绝人。"差近之耳。

十二

"画屏金鹧鸪"，飞卿语也，其词品似之。"弦上黄莺语"，端己语也，其词品亦似之。正中词品，若欲于其词句中求之，则"和泪试严妆"，殆近之欤？

十三

南唐中主词："菡萏香销翠叶残，西风愁起绿波间。"大有众芳芜秽，美人迟暮之感。乃古今独赏其"细雨梦回鸡塞远，小楼吹彻玉笙寒。"故知解人正不易得。

十四

温飞卿之词，句秀也。韦端己之词，骨秀也。李重光之词，神秀也。

十五

词至李后主而眼界始大，感慨遂深，遂变伶工之词而为士大夫之词。周介存置诸温、韦之下，可为颠倒黑白矣。"自是人生长恨水长东""流水落花春去也，天上人间"，《金荃》《浣花》，能有此气象耶？

十六

词人者，不失其赤子之心者也。故生于深宫之中，长于妇人之手，是后主为人君所短处，亦即为词人所长处。

十七

客观之诗人，不可不多阅世。阅世愈深，则材料愈丰富，愈变化，《水浒传》《红楼梦》之作者是也。主观之诗人，不必多阅世。阅世愈浅，则性情愈真，李后主是也。

十八

尼采谓："一切文学，余爱以血书者。"后主之词，真所谓以血书者也。宋道君皇帝《燕山亭》词亦略似之。然道君不过自道生世之戚，后主则俨有释迦基督担荷人类罪恶之意，其大小固不同矣。

十九

冯正中词虽不失五代风格，而堂庑特大，开北宋一代风气。与中、后二主词皆在《花间》范围之外，宜《花间集》中不登其只字也。

二十

正中词除《鹊踏枝》《菩萨蛮》十数阕煊赫外，如《醉花间》之"高树鹊衔巢，斜月明寒草"，余谓：韦苏州之"流萤渡高阁"、孟襄阳之"疏雨滴梧桐"不能过也。

二一

欧九《浣溪沙》词："绿杨楼外出秋千。"晁补之谓：只一"出"字，便后人所不能道。余谓：此本于正中《上行杯》词"柳外秋千出画墙"，但欧语尤工耳。

二二

梅圣俞《苏幕遮》词："落尽梨花春又了。满地残阳，翠色和烟老。"

刘融斋谓：少游一生似专学此种。余谓：冯正中《玉楼春》词："芳菲次第长相续，自是情多无处足。尊前百计得春归，莫为伤春眉黛促。"永叔一生似专学此种。

二三

人知和靖《点绛唇》、圣俞《苏幕遮》、永叔《少年游》三阕为咏春草绝调。不知先有正中"细雨湿流光"五字，皆能摄春草之魂者也。

二四

《诗·蒹葭》一篇，最得风人深致。晏同叔之"昨夜西风凋碧树。独上高楼，望尽天涯路。"意颇近之。但一洒落，一悲壮耳。

二五

"我瞻四方，蹙蹙靡所骋。"诗人之忧生也。"昨夜西风凋碧树。独上高楼，望尽天涯路"似之。"终日驰车走，不见所问津。"诗人之忧世也。"百草千花寒食路，香车系在谁家树"似之。

二六

古今之成大事业、大学问者，必经过三种之境界："昨夜西风凋碧树。独上高楼，望尽天涯路。"此第一境也。"衣带渐宽终不悔，为伊消得人憔悴。"此第二境也。"众里寻他千百度，蓦然回首，那人却在，灯火阑珊处。"此第三境也。此等语皆非大词人不能道。然遽以此意解释诸词，恐为晏、欧诸公所不许也。

二七

永叔"人生自是有情痴，此恨不关风与月。""直须看尽洛城花，始共春风容易别。"于豪放之中有沈著之致，所以尤高。

二八

冯梦华《宋六十一家词选·序例》谓："淮海小山，古之伤心人也。其淡语皆有味，浅语皆有致。"余谓此惟淮海足以当之。小山矜贵有余，但可方驾子野、方回，未足抗衡淮海也。

二九

少游词境最为凄婉。至"可堪孤馆闭春寒，杜鹃声里斜阳暮。"则变而凄厉矣。东坡赏其后二语，犹为皮相。

三十

"风雨如晦，鸡鸣不已""山峻高以蔽日兮，下幽晦以多雨；霰雪纷其无垠兮，云霏霏而承宇""树树皆秋色，山山惟落晖""可堪孤馆闭春寒，杜鹃声里斜阳暮"气象皆相似。

三一

昭明太子称：陶渊明诗"跌宕昭彰，独超众类。抑扬爽朗，莫之与京。"王无功称：薛收赋"韵趣高奇，词义晦远。嵯峨萧瑟，真不可言。"

词中惜少此二种气象，前者惟东坡，后者惟白石，略得一二耳。

三二

词之雅郑，在神不在貌。永叔少游虽作艳语，终有品格。方之美成，便有淑女与倡伎之别。

三三

美成深远之致不及欧秦。惟言情体物，穷极工巧，故不失为第一流之作者。但恨创调之才多，创意之才少耳。

三四

词忌用替代字。美成《解语花》之"桂华流瓦"，境界极妙。惜以"桂华"二字代"月"耳。梦窗以下，则用代字更多。其所以然者，非意不足，则语不妙也。盖意足则不暇代，语妙则不必代。此少游之"小楼连苑"、"绣毂雕鞍"，所以为东坡所讥也。

三五

沈伯时《乐府指迷》云："说桃不可直说破桃，须用'红雨''刘郎'等字。说柳不可直说破柳，须用'章台''灞岸'等字。"若惟恐人不用代字者。果以是为工，则古今类书具在，又安用词为耶？宜其为《提要》所讥也。

三六

美成《苏幕遮》词："叶上初阳干宿雨。水面清圆，一一风荷举。"此真能得荷之神理者。觉白石《念奴娇》《惜红衣》二词，犹有隔雾看花之恨。

三七

东坡《水龙吟》咏杨花，和韵而似原唱。章质夫词，原唱而似和韵。才之不可强也如是！

三八

咏物之词，自以东坡《水龙吟》最工，邦卿《双双燕》次之。白石《暗香》《疏影》，格调虽高，然无一语道著，视古人"江边一树垂垂发"等句何如耶？

三九

白石写景之作，如"二十四桥仍在，波心荡、冷月无声""数峰清苦，商略黄昏雨""高树晚蝉，说西风消息"虽格韵高绝，然如雾里看花，终隔一层。梅溪、梦窗诸家写景之病，皆在一"隔"字。北宋风流，渡江遂绝。抑真有运会存乎其间耶？

四十

问"隔"与"不隔"之别，曰：陶谢之诗不隔，延年则稍隔已。东坡之诗不隔，山谷则稍隔矣。"池塘生春草"、"空梁落燕泥"等二句，妙处惟在不隔，词亦如是。即以一人一词论，如欧阳公《少年游》咏春草上半阕云："阑干十二独凭春，晴碧远连云。千里万里，二月三月，行色苦愁人。"语语都在目前，便是不隔。至云："谢家池上，江淹浦畔"则隔矣。白石《翠楼吟》："此地。宜有词仙，拥素云黄鹤，与君游戏。玉梯凝望久，叹芳草、萋萋千里。"便是不隔。至"酒祓清愁，花消英气"则隔矣。然南宋词虽不隔处，比之前人，自有浅深厚薄之别。

四一

"生年不满百，常怀千岁忧。昼短苦夜长，何不秉烛游？""服食求神仙，多为药所误。不如饮美酒，被服纨与素。"写情如此，方为不隔。"采菊东篱下，悠然见南山。山气日夕佳，飞鸟相与还。""天似穹庐，笼盖四野。天苍苍，野茫茫，风吹草低见牛羊。"写景如此，方为不隔。

四二

古今词人格调之高，无如白石。惜不于意境上用力，故觉无言外之味，弦外之响。终不能与于第一流之作者也。

四三

南宋词人，白石有格而无情，剑南有气而乏韵。其堪与北宋人颉颃者，惟一幼安耳。近人祖南宋而祧北宋，以南宋之词可学，北宋不可学也。学南宋者，不祖白石，则祖梦窗，以白石、梦窗可学，幼安不可学也。学幼安者率祖其粗犷、滑稽，以其粗犷、滑稽处可学，佳处不可学也。幼安之佳处，在有性情，有境界。即以气象论，亦有"横素波、干青云"之概，宁后世龌龊小生所可拟耶？

四四

东坡之词旷，稼轩之词豪。无二人之胸襟而学其词，犹东施之效捧心也。

四五

读东坡、稼轩词，须观其雅量高致，有伯夷、柳下惠之风。白石虽似蝉蜕尘埃，然终不免局促辕下。

四六

苏、辛，词中之狂。白石犹不失为狷。若梦窗、梅溪、玉田、草窗、西麓辈，面目不同，同归于乡愿而已。

四七

稼轩中秋饮酒达旦，用天问体作《木兰花慢》以送月，曰："可怜今夕月，向何处、去悠悠？是别有人间，那边才见，光景东头。"词人想象，直悟月轮绕地之理，与科学家密合，可谓神悟。

四八

周介存谓:"梅溪词中,喜用'偷'字,足以定出其品格。"刘融斋谓:"周旨荡而史意贪"此二语令人解颐。

四九

介存谓:梦窗词之佳者,如"水光云影,摇荡绿波,抚玩无极,追寻已远。"余览《梦窗甲乙丙丁稿》中,实无足当此者。有之,其"隔江人在雨声中,晚风菰叶生愁怨"二语乎?

五十

梦窗之词,吾得取其词中一语以评之,曰:"映梦窗,零乱碧。"玉田之词,余得取其词中之一语以评之,曰:"玉老田荒。"

五一

"明月照积雪"、"大江流日夜"、"中天悬明月"、"长河落日圆",此种境界,可谓千古壮观。求之于词,惟纳兰容若塞上之作,如《长相思》之"夜深千帐灯",《如梦令》之"万帐穹庐人醉,星影摇摇欲坠"差近之。

五二

纳兰容若以自然之眼观物,以自然之舌言情。此初入中原,未染汉人风气，故能真切如此。北宋以来，一人而已。

五三

陆放翁《花间集》，谓"唐季五代，诗愈卑，而倚声者辄简古可爱。能此不能彼，未易以理推也。"《提要》驳之，谓："犹能举七十斤者，举百斤则蹶，举五十斤则运掉自如。"其言甚辨。然谓词必易于诗，余未敢信。善乎陈卧子之言曰："宋人不知诗而强作诗，故终宋之世无诗。然其欢愉愁怨之致，动于中而不能抑者，类发于诗余，故其所造独工。"五代词之所以独胜，亦以此也。

五四

四言敝而有《楚辞》，《楚辞》敝而有五言，五言敝而有七言，古诗敝而有律绝，律绝敝而有词。盖文体通行既久，染指遂多，自成习套。豪杰之士，亦难于其中自出新意，故遁而作他体，以自解脱。一切文体所以始盛终衰者，皆由于此。故谓文学后不如前，余未敢信。但就一体论，则此说固无以易也。

五五

诗之《三百篇》《十九首》，词之五代北宋，皆无题也。非无题也，诗词中之意，不能以题尽之也。自《花庵》《草堂》每调立题，并古人无题之词亦为之作题。如观一幅佳山水，而即曰此某山某河，可乎？诗有题而诗亡，词有题而词亡，然中材之士，鲜能知此而自振拔者也。

五六

大家之作，其言情也必沁人心脾，其写景也必豁人耳目。其辞脱口而出，无矫揉妆束之态。以其所见者真，所知者深也。诗词皆然。持此以衡古今之作者，可无大误也。

五七

人能于诗词中不为美刺投赠之篇，不使隶事之句，不用粉饰之字，则于此道已过半矣。

五八

以《长恨歌》之壮采，而所隶之事，只"小玉双成"四字，才有余也。梅村歌行，则非隶事不办。白、吴优劣，即于此见。不独作诗为然，填词家亦不可不知也。

五九

近体诗体制，以五七言绝句为最尊，律诗次之，排律最下。盖此体于寄兴言情，两无所当，殆有韵之骈体文耳。词中小令如绝句，长调似律诗，若长调之《百字令》《沁园春》等，则近于排律矣。

六十

诗人对宇宙人生，须入乎其内，又须出乎其外。入乎其内，故能写之。出乎其外，故能观之。入乎其内，故有生气。出乎其外，故有高致。美成能入而不出。白石以降，于此二事皆未梦见。

六一

诗人必有轻视外物之意，故能以奴仆命风月。又必有重视外物之意，故能与花鸟共忧乐。

六二

"昔为倡家女，今为荡子妇。荡子行不归，空床难独守。""何不策高足，先据要路津？无为守穷贱，坎坷长苦辛。"可为淫鄙之尤。然无视为淫词、鄙词者，以其真也。五代北宋之大词人亦然。非无淫词，读之但觉其亲切动人。非无鄙词，但觉其精力弥满。可知淫词与鄙词之病，非淫与鄙之病，而游词之病也。"岂不尔思，室是远而。"而子曰："未之思也，夫何远之有？"恶其游也。

六三

"枯藤老树昏鸦。小桥流水人家。古道西风瘦马。夕阳西下。断肠人在天涯。"此元人马东篱《天净沙》小令也。寥寥数语，深得唐人绝句妙境。有元一代词家，皆不能办此也。

六四

白仁甫《秋夜梧桐雨》剧，沈雄悲壮，为元曲冠冕。然所作《天籁词》，粗浅之甚，不足为稼轩奴隶。岂创者易工，而因者难巧欤？抑人各有能与不能也？读者观欧秦之诗远不如词，足透此中消息。

17

下　卷

一

白石之词，余所最爱者，亦仅二语，曰："淮南皓月冷千山，冥冥归去无人管。"

二

双声、叠韵之论，盛于六朝，唐人犹多用之。至宋以后，则渐不讲，并不知二者为何物。乾嘉间，吾乡周公霭先生著《杜诗双声叠韵谱括略》，正千余年之误，可谓有功文苑者矣。其言曰："两字同母谓之双声，两字同韵谓之叠韵。"余按用今日各国文法通用之语表之，则两字同一子音者谓之双声。如《南史·羊元保传》之"官家恨狭，更广八分"，"官家更广"四字，皆从 k 得声。《洛阳伽蓝记》之"狞奴慢骂"，"狞奴"两字，皆从 n 得声。"慢骂"两字，皆从 m 得声也。两字同一母音者，谓之叠韵。如梁武帝"后牖有朽柳"，"后牖有"三字，双声而兼叠韵。"有朽柳"三字，其母音皆为 iu。刘孝绰之"梁王长康强"，"梁长强"三字，其母音皆为 ang 也。自李淑《诗苑》伪造沈约之说，以双声叠韵为诗中八病之二，后是诗家多废而不讲，亦不复用之于词。余谓苟于词之荡漾处多用叠韵，促结处用双声，则其铿锵可诵，必有过于前人者。惜世之专讲音律者，尚未悟此也。

三

世人但知双声之不拘四声，不知叠韵亦不拘平、上、去三声。凡字之同母者，虽平仄有殊，皆叠韵也。

四

诗至唐中叶以后，殆为羔雁之具矣。故五代北宋之诗，佳者绝少，而词则为其极盛时代。即诗词兼擅如永叔少游者，词胜于诗远甚。以其写之于诗者，不若写之于词者之真也。至南宋以后，词亦为羔雁之具，而词亦替矣。此亦文学升降之一关键也。

五

曾纯甫中秋应制，作《壶中天慢》词，自注云："是夜，西兴亦闻天乐。"谓宫中乐声，闻于隔岸也。毛子晋谓："天神亦不以人废言。"近冯梦华复辨其诬。不解"天乐"两字文义，殊笑人也。

六

北宋名家以方回为最次。其词如历下、新城之诗，非不华赡，惜少真味。

七

散文易学而难工，韵文难学而易工。近体诗易学而难工，古体诗难学

而易工。小令易学而难工，长调难学而易工。

八

古诗云："谁能思不歌？谁能饥不食？"诗词者，物之不得其平而鸣者也。故欢愉之辞难工，愁苦之言易巧。

九

社会上之习惯，杀许多之善人。文学上之习惯，杀许多之天才。

十

昔人论诗词，有景语、情语之别。不知一切景语，皆情语也。

十一

词家多以景寓情。其专作情语而绝妙者，如牛峤之"甘作一生拼，尽君今日欢"，顾敻之"换我心为你心，始知相忆深"，欧阳修之"衣带渐宽终不悔，为伊消得人憔悴"，美成之"许多烦恼，只为当时，一饷留情"。此等词求之古今人词中，曾不多见。

十二

词之为体，要眇宜修。能言诗之所不能言，而不能尽言诗之所能言。诗之景阔，词之言长。

十三

言气质，言神韵，不如言境界。有境界，本也。气质、神韵，末也。有境界而二者随之矣。

十四

"西风吹渭水，落日满长安。"美成以之入词，白仁甫以之入曲，此借古人之境界为我之境界者也。然非自有境界，古人亦不为我用。

十五

长调自以周、柳、苏、辛为最工。美成《浪淘沙慢》二词，精壮顿挫，已开北曲之先声。若屯田之《八声甘州》，东坡之《水调歌头》，则仟兴之作，格高千古，不能以常调论也。

十六

稼轩《贺新郎》词"送茂嘉十二弟"，章法绝妙。且语语有境界，此能品而几於神者。然非有意为之，故后人不能学也。

十七

稼轩《贺新郎》词："柳暗凌波路。送春归、猛风暴雨，一番新绿。"又《定风波》词："从此酒酲明月夜。耳热。""绿""热"二字，皆作上去用。与韩遇《东浦词》《贺新郎》以"玉""曲"叶"注""女"，《卜

算子》以"夜""谢"叶"食""月"，已开北曲四声通押之祖。

十八

谭复堂《箧中词选》谓："蒋鹿潭《水云楼词》与成容若、项莲生，二百年间，分鼎三足。"然《水云楼词》小令颇有境界，长调惟存气格。《忆云词》精实有馀，超逸不足，皆不足与容若比。然视皋文、止庵辈，则倜乎远矣。

十九

词家时代之说，盛于国初。竹垞谓：词至北宋而大，至南宋而深。后此词人，群奉其说。然其中亦非无具眼者。周保绪曰："南宋下不犯北宋拙率之病，高不到北宋浑涵之诣。"又曰："北宋词多就景叙情，故珠圆玉润，四照玲珑。至稼轩、白石，一变而为即事叙景，故深者反浅，曲者反直。"潘四农曰："词滥觞于唐，畅于五代，而意格之闳深曲挚，则莫盛于北宋。词之有北宋，犹诗之有盛唐。至南宋则稍衰矣。"刘融斋曰："北宋词用密亦疏、用隐亦亮、用沉亦快、用细亦阔、用精亦浑。南宋只是掉转过来。"可知此事自有公论。虽止庵词颇浅薄，潘刘尤甚。然其推尊北宋，则与明季云间诸公，同一卓识也。

二十

唐五代北宋词，可谓生香真色。若云间诸公，则彩花耳。湘真且然，况其次也者乎？

二一

《衍波词》之佳者，颇似贺方回。虽不及容若，要在浙中诸子之上。

二二

近人词如《复堂词》之深婉，《彊村词》之隐秀，皆在半塘老人上。彊村学梦窗而情味较梦窗反胜。盖有临川、庐陵之高华，而济以白石之疏越者。学人之词，斯为极则。然古人自然神妙处，尚未见及。

二三

宋直方《蝶恋花》："新样罗衣浑弃却，犹寻旧日春衫著。"谭复堂《蝶恋花》："连理枝头侬与汝，千花百草从渠许。"可谓寄兴深微。

二四

《半塘丁稿》中和冯正中《鹊踏枝》十阕，乃《鹜翁词》之最精者。"望远愁多休纵目"等阕，郁伊惝恍，令人不能为怀。《定稿》只存六阕，殊为未允也。

二五

固哉，皋文之为词也！飞卿《菩萨蛮》、永叔《蝶恋花》、子瞻《卜算子》，皆兴到之作，有何命意？皆被皋文深文罗织。阮亭《花草蒙拾》谓："坡公命宫磨蝎，生前为王珪、舒亶辈所苦，身后又硬受此差排。"由

今观之，受差排者，独一坡公已耶？

二六

贺黄公谓："姜论史词，不称其'软语商量'，而赏其'柳暗花暝'，固知不免项羽学兵法之恨。"然"柳暗花暝"自是欧秦辈句法，前后有画工、化工之殊。吾从白石，不能附和黄公矣。

二七

"池塘春草谢家春，万古千秋五字新。传语闭门陈正字，可怜无补费精神。"此遗山《论诗绝句》也。梦窗、玉田辈，当不乐闻此语。

二八

朱子《清邃阁论诗》谓："古人诗中有句，今人诗更无句，只是一直说将去。这般诗一日作百首也得。"余谓北宋之词有句，南宋以后便无句。玉田、草窗之词，所谓"一日作百首也得"者也。

二九

朱子谓："梅圣俞诗，不是平淡，乃是枯槁。"余谓草窗、玉田之词亦然。

三十

"自怜诗酒瘦，难应接，许多春色。""能几番游，看花又是明年。"此等语亦算警句耶？乃值如许笔力！

三一

文文山词，风骨甚高，亦有境界，远在圣与、叔夏、公谨诸公之上。亦如明初诚意伯词，非季迪、孟载诸人所敢望也。

三二

和凝《长命女》词："天欲晓。宫漏穿花声缭绕，窗里星光少。冷霞寒侵帐额，残月光沈树杪。梦断锦闱空悄悄。强起愁眉小。"此词前半，不减夏英公《喜迁莺》也。

三三

宋李希声《诗话》云："唐人作诗，正以风调高古为主。虽意远语疏，皆为佳作。后人有切近的当、气格凡下者，终使人可憎。"余谓北宋词亦不妨疏远。若梅溪以下，正所谓切近的当、气格凡下者也。

三四

自竹垞痛贬《草堂诗馀》而推《绝妙好词》，后人群附和之。不知《草堂》虽有亵诨之作，然佳词恒得十之六七。《绝妙好词》则除张范辛刘诸家外，十之八九，皆极无聊赖之词。古人云：小好小惭，大好大惭，洵非虚语。

三五

梅溪、梦窗、玉田、草窗、西麓诸家，词虽不同，然同失之肤浅。虽时代使然，亦其才分有限也。近人弃周鼎而宝康瓠，实难索解。

三六

余友沈昕伯自巴黎寄余蝶恋花一阕云："帘外东风随燕到。春色东来，循我来时道。一霎围场生绿草，归迟却怨春来早。锦绣一城春水绕。庭院笙歌，行乐多年少。著意来开孤客抱，不知名字闲花鸟。"此词当在晏氏父子间，南宋人不能道也。

三七

"君王枉把平陈乐，换得雷塘数亩田。"政治家之言也。"长陵亦是闲丘陇，异日谁知与仲多？"诗人之言也。政治家之眼，域于一人一事。诗人之眼，则通古今而观之。词人观物，须用诗人之眼，不可用政治家之眼。故感事、怀古等作，当与寿词同为词家所禁也。

三八

宋人小说，多不足信。如《雪舟脞语》谓：台州知府唐仲友眷官妓严蕊奴。朱晦庵系治之。及晦庵移去，提刑岳霖行部至台，蕊乞自便。岳问曰："去将安归？"蕊赋《卜算子》词云："住也如何住"云云。案此词系仲友戚高宣教作，使蕊歌以侑觞者，见朱子《纠唐仲友奏牍》。则《齐东野语》所纪朱唐公案，恐亦未可信也。

三九

《沧浪》《凤兮》二歌，已开楚辞体格。然楚辞之最工者，推屈原、宋玉，而后此之王褒、刘向之词不与焉。五古之最工者，实推阮嗣宗、左太冲、郭景纯、陶渊明，而前此曹刘，后此陈子昂、李太白不与焉。词之最工者，实推后主、正中、永叔、少游、美成，而后此南宋诸公不与焉。

四十

唐五代之词，有句而无篇。南宋名家之词，有篇而无句。有篇有句，惟李后主降宋后诸作，及永叔、子瞻、少游、美成、稼轩数人而已。

四一

唐五代北宋之词家，倡优也。南宋后之词家，俗子也。二者其失相等。但词人之词，宁失之倡优，不失之俗子。以俗子之可厌，较倡优为甚故也。

四二

《蝶恋花》"独倚危楼"一阕，是《六一词》，亦见《乐章集》。余谓：屯田轻薄子，只能道"奶奶兰心蕙性"耳。

四三

读《会真记》者，恶张生之薄倖，而恕其奸非。读《水浒传》者，恕

宋江之横暴，而责其深险。此人人之所同也。故艳词可作，惟万不可作俦薄语。龚定庵诗云："偶赋凌云偶倦飞，偶然闲慕遂初衣。偶逢锦瑟佳人问，便说寻春为汝归。"其人之凉薄无行，跃然纸墨间。余辈读耆卿伯可词，亦有此感。视永叔、希文小词何如耶？

四四

词人之忠实，不独对人事宜然。即对一草一木，亦须有忠实之意，否则所谓游词也。

四五

读《花间》《尊前集》，令人回想徐陵《玉台新咏》。读《草堂诗馀》，令人回想韦毂《才调集》。读朱竹垞《词综》，张皋文、董子远《词选》，令人回想沈德潜《三朝诗别裁集》。

四六

明季国初诸老之论词，大似袁简斋之论诗，其失也，纤小而轻薄。竹垞以降之论词者，大似沈规愚，其失也，枯槁而庸陋。

四七

东坡之旷在神，白石之旷在貌。白石如王衍口不言阿堵物，而暗中为营三窟之计，此其所以可鄙也。

四八

"纷吾既有此内美兮，又重之已修能。"文学之事，于此二者，不能缺一。然词乃抒情之作，故尤重内美。无内美而但有修能，则白石耳。

四九

诗人视一切外物，皆游戏之材料也。然其游戏，则以热心为之，故诙谐与严重二性质，亦不可缺一也。

人 间 词

少 年 游

垂杨门外，
疏灯影里，
上马帽檐斜。
紫陌霜浓，
青松月冷，
炬火散林鸦。

酒醒起看，
西窗上，
翠竹影交加。
跌宕歌词，
纵横书卷，
不与遣年华。

阮　郎　归

美人消息隔重关，
川途弯复弯。
沉沉空翠压征鞍，
马前山复山。

浓泼黛，
缓拖鬟，
当年看复看。
只余眉样在人间，
相逢艰复艰。

蝶 恋 花

昨夜梦中多少恨，
细马香车，
两两行相近。
对面似怜人瘦损，
众中不惜搴帷问。

陌上轻雷听隐辚。
梦里难从，
觉后那堪讯。
蜡泪窗前堆一寸，
人间只有相思分。

王
国
维

浣 溪 沙

路转峰回出画塘，
一山枫叶背残阳。
看来浑不似秋光。

隔座听歌人似玉，
六街归骑月如霜。
客中行乐只寻常。

临 江 仙

过眼韶华何处也?
萧萧又是秋声。
极天衰草暮云平。
斜阳漏处,
一塔枕孤城。

独立荒寒谁语?
蓦回头宫阙峥嵘。
红墙隔雾未分明,
依依残照,
独拥最高层。

王
国
维

浣 溪 沙

霜落千林木叶丹，
远山如在有无间。
经秋何事亦屡颜。

且向农家拼泥饮，
聊从卜肆憩征鞍。
只应游戏在尘寰。

好 事 近

夜起倚危楼，
楼角玉绳低亚。
惟有月明霜冷，
浸万家鸳瓦。

人间何苦又悲秋，
正是伤春罢。
却向春风亭畔，
数梧桐叶下。

好 事 近

愁展翠罗衾，
半是余温半是泪。
不辨坠欢新恨，
是人间滋味。

几年相守郁金堂。
草草浑闲事。
独向西风林下，
望红尘一骑。

采 桑 子

高城鼓动兰釭灺。
睡也还醒，
醉也还醒：
忽听孤鸿三两声。

人生只似风前絮。
欢也零星，
悲也零星，
都作连江点点萍。

西　河

垂柳里，
兰舟当日曾系。
千帆过尽只伊人，
不随书至。
怪渠道着我侬心，
一般思妇游子。

昨宵梦，
分明记，
几回飞度烟水。
西风吹断伴灯花，
摇摇欲坠。
宵深待到凤凰山，
声声啼鴂催起。

锦书宛在怀袖底，
人迢迢、紫塞千里。
算是不曾相忆。
倘有情、早合归来。
休寄一纸无聊，
相思字。

摸 鱼 儿

秋　柳

问断肠、江南江北，
年时如许春色。
碧栏干外无边柳，
舞落迟迟红日，
沙岸直。
又道是：
连朝寒雨送行客，
烟笼数驿。
剩今日天涯，
衰条折尽，
月落晓风急。

金城路，
多少人间行役，
当年风度曾识。
北征司马今头白，
惟有攀条沾臆。
君莫折，
君不见、舞衣寸寸填沟洫！

细腰谁惜?
算只有多情,
昏鸦点点,
攒向断枝立。

王
国
维

蝶 恋 花

谁道江南春事了；
废苑朱藤，
开尽无人到。
高柳数行临古道，
一藤红遍千枝杪。

冉冉赤云将绿绕，
回首林间，
无限夕阳好。
若是春归归合早，
余春只搅人怀抱。

鹧 鸪 天

列炬归来酒未醒，
六街人静马蹄轻。
月中薄雾漫漫白，
桥外渔灯点点青。

从醉里，
忆平生，
可怜心事太峥嵘。
更堪此夜西楼梦，
摘得星辰满袖行。

点 绛 唇

万顷蓬壶，
梦中昨夜扁舟去。
萦回岛屿，
中有舟行路。

波上楼台，
波底层层俯。
何人住？
断崖如锯，
不见停桡处。

王
国
维

点 绛 唇

高峡流云，
人随飞鸟穿云去。
数峰著雨，
相对青无语。

岭上金光，
岭下苍烟沍。
人间曙，
疏林平楚，
历历来时路。

踏　莎　行

绝顶无云，
昨宵有雨，
我来此地闻天语。
疏钟暝直乱峰回，
孤僧晓渡寒溪去。

是处青山，
前生俦侣，
招邀尽入闲庭户。
朝朝含笑复含颦，
人间相媚争如许。

清 平 乐

樱桃花底，
相见颜云鬓，
的的银钉无限意，
消得和衣浓睡。

当时草草西窗，
都成别后思量。
料得天涯异日，
应思今夜凄凉。

浣 溪 沙

月底栖鸦当叶看，
推窗跕跕堕枝间，
霜高风定独凭栏。

觅句心肝终复在，
掩书涕泪苦无端，
可怜衣带为谁宽。

王
国
维

青 玉 案

姑苏台上乌啼曙，
剩霸业，
今如许？
醉后不堪仍吊古。
月中杨柳，
水边楼阁。
犹自教歌舞。

野花开遍真娘墓，
绝代红颜委朝露。
算是人生赢得处：
千秋诗料，
一抔黄土，
十里寒螿语。

满 庭 芳

水抱孤城，
雪开远戍，
垂柳点点栖鸦。
晚潮初落，
残日漾平沙，
白鸟悠悠自去，
汀洲外，
无限蒹葭。
西风起，
飞花如雪，
冉冉去帆斜。

天涯，
还忆旧，
香尘随马，
明月窥车。
渐秋风镜里，
暗换年华。
纵使长条无恙，
重来处，
攀折堪嗟。
人何许？
朱楼一角，
寂寞倚残霞。

玉 楼 春

今年花事垂垂过，
明岁花开应更嚲。
看花终古少年多，
只恐少年非属我。

劝君莫厌尊罍大，
醉倒且拼花底卧。
君看今日树头花，
不是去年枝上朵。

阮 郎 归

女贞花白草迷离，
江南梅雨时。
阴阴帘幕万家垂，
穿帘双燕飞。

朱阁外，
碧窗西。
行人一舸归。
清溪转处柳阴低，
当窗人画眉。

浣 溪 沙

天末同云黯四垂，
失行孤雁逆风飞。
江湖寥落尔安归？

陌上金丸看落羽，
闺中素手试调醯。
今朝欢宴胜平时。

浣 溪 沙

山寺微茫背夕曛，
鸟飞不到半山昏。
上方孤磬定行云。

试上高峰窥皓月，
偶开天眼觑红尘。
可怜身是眼中人。

青 玉 案

江南秋色垂垂暮，
算幽事，
浑无数。
日日沧浪亭畔路。
西风林下，
夕阳水际，
独自寻诗去。

可怜愁与闲俱赴，
待把尘劳截愁住，
灯影幢幢天欲曙。
闲中心事，
忙中情味，
并入西楼雨。

浣 溪 沙

昨夜新看北固山，
今朝又上广陵船。
金焦在眼苦难攀。

猛雨自随汀雁落，
湿云常与暮鸦寒。
人天相对作愁颜。

鹊 桥 仙

沉沉戍鼓，
萧萧厩马，
起视霜华满地。
猛然记得别伊时，
正今日邮亭天气。

北征车辙，
南征归梦，
知是调停无计，
人间事事不堪凭，
但除却"无凭"二字。

减字木兰花

皋兰被径，
月底栏干闲独凭。
修竹娟娟，
风里时闻响佩环。

蓦然深省，
起踏中庭千个影。
依旧人间，
一梦钧天只惘然。

贺 新 郎

月落飞乌鹊，
更声声，
暗催残岁，
城头寒柝。
曾记年时游冶处？
偏反一栏红药，
和士女，
盈盈欢谑。
眼底春光何处也？
只极天，
野烧明山郭。
侧身望，
天地窄。

遣愁何计频商略，
恨今宵，
书城空拥，
愁城难落。
陋室风多青灯灺，
中有千秋魂魄。
似诉尽，
人间纷浊。
七尺微躯百年里，

那能消，
今古闲哀乐。
与蝴蝶，
蘧然觉。

王国维

人 月 圆

梅

天公应自嫌寥落，
随意着幽花。
月中霜里，
数枝临水，
水底横斜。

萧然四顾，
疏林远渚，
寂寞天涯。
一声鹤唳，
殷勤唤起，
大地清华。

卜 算 子

水 仙

罗袜悄无尘，
金屋浑难贮。
月底溪边一晌看。
便恐凌波去。

独自惜幽芳，
不敢矜迟莫。
却笑孤山万树梅，
狼藉花如许。

八声甘州

直青山缺处是孤城，
倒悬浸明湖。
森千帆影里，
参差宫阙
风展旌旐。
向晚棹声渐急。
萧瑟杂菰蒲。
列炬严城去，
灯火千衢。

不道繁华如许，
又万家爆竹，
隔院笙竽。
叹沉沉人海，
不与慰羁孤。
剩终朝襟裾相对，
纵委蛇，
人已厌狂疏。
呼灯且觅朱家去，
痛饮屠苏。

浣 溪 沙

曾识卢家玳瑁梁，
觅巢新燕屡回翔。
不堪重问郁金堂。

今雨相看非旧雨，
故乡罕乐况他乡？
人间何地著疏狂。

踏 莎 行

元 夕

缔约衣裳，
凄迷香麝，
华灯素面光交射。
天公倍放月婵娟，
人间解与春游冶。

乌鹊无声，
鱼龙不夜；
九衢忙杀闲车马。
归来落月挂西窗，
邻鸡四起兰釭灺。

蝶 恋 花

急景流年真一箭，
残雪声中，
省识东风面。
风里垂杨千万线，
昨宵染就鹅黄浅。

又是廉纤春雨暗，
倚遍危楼，
高处人难见。
已恨平芜随雁远，
暝烟更界平芜断！

蝶 恋 花

窣地重帘围画省，
帘外红墙，
高与银河并。
开尽隔墙桃与杏，
人间望眼何与骋。

举首忽惊明月冷，
月里依稀，
认得山河影。
问取嫦娥浑未肯，
相携素手层城顶。

蝶 恋 花

独向沧浪亭外路，
六曲栏干，
曲曲垂杨树。
展尽鹅黄千万缕，
月中并作濛濛雾。

一片流云无觅处，
云里疏星，
不共云流去。
闭置小窗真自娱，
人间夜色还如许。

临 江 仙

闻说金微郎戍处，
昨宵梦向金微。
不知今又过辽西，
千屯沙上暗，
万骑月中嘶。

郎似梅花侬似叶，
蝎来手抚空枝，
可怜开谢不同时。
漫言花落早，
只是叶生迟。

南 歌 子

又是乌西匿，
初看雁北翔。
好与报檀郎：
春来宵渐短，
莫思量。

荷叶杯 戏效花间体（六首）

一

手把金尊酒满，
相劝。
情极不能羞，
乍调筝处又回眸。
留摩留，
留摩留？

二

矮纸数行草草，
书到。
总道苦相思，
朱颜今日未应非。
归摩归，
归摩归？

三

无赖灯花又结，
照别。
休作一生拼，
明朝此际客舟寒。
欢摩欢，
欢摩欢？

四

谁道闲愁如海，
零碎。
雨过一池沤，
时时飞絮上帘钩。
愁摩愁，
愁摩愁？

五

昨夜绣衾孤拥，
幽梦。
一霎钿车尘，
道旁依约见天人。
真摩真，
真摩真？

六

隐隐轻雷何处，
将曙。
隔牖见疏星，
一庭芳树乱啼莺。
醒摩醒，
醒摩醒？

玉　楼　春

西园花落深堪扫，
过眼韶华真草草。
开时寂寂尚无人，
今日偏嗔摇落早。

昨朝却走西山道，
花事山中浑未了。
数峰和雨对斜阳，
十里杜鹃红似烧。

蝶 恋 花

辛苦钱塘江上水，
日日西流，
日日东趋海。
终古越山颃洞里，
可能消得英雄气。

说与江潮应不至，
潮落潮生，
几换人间世。
千载荒台麋鹿死，
灵胥抱愤终何是！

水 龙 吟

用章质夫、苏子瞻唱和韵

开时不与人看，
如何一霎濛濛坠？
日长无绪，
回廊小立，
迷离情思。
细雨池塘，
斜阳院落，
重门深闭。
正参差欲住，
轻衫掠处，
又特地因风起。

花事阑珊到汝，
更休寻满枝琼缀。
算来只合，
人间哀乐，
这般零碎。
一样飘零，
宁为尘土，

勿随流水。
怕盈盈，
一片春江，
都贮得离人泪。

王
国
维

点 绛 唇

暗里追凉，
扁舟径掠垂杨过。
湿萤火大，
——风前堕。

坐觉西南，
紫电排云破。
严城锁，
高歌无和，
万舫沉沉卧。

王国维

浣 溪 沙

七月西风动地吹，
黄埃和叶满城飞。
征人一日换缊衣。

金马岂真堪避世，
海鸥应是未忘机。
故人今有问归期。

点 绛 唇

厚地高天，
侧身颇觉平生左。
小斋如舸，
自许回旋可。

聊复浮生，
得此须臾我。
乾坤大，
霜林独坐，
红叶纷纷堕。

蝶 恋 花

斗觉宵来情绪恶，
新月生时，
黯黯伤离索。
此夜清光浑似昨，
不辞自下深深幕。

何物尊前哀与乐，
已坠前欢，
无据他年约。
几度烛花开又落，
人间须信思量错。

蝶 恋 花

百尺朱楼临大道。
楼外轻雷，
不问昏和晓，
独倚阑干人窈窕，
闲中数尽行人小。

一霎车尘生树杪。
陌上楼头，
都向尘中老。
薄晚西风吹雨到，
明朝又是伤流潦。

王国维

浣 溪 沙

掩卷平生有百端，
饱更忧患转冥顽，
偶听啼鴂怨春残。

坐觉无何消白日，
更缘随例弄丹铅，
闲愁无分况清欢。

浣 溪 沙

漫作年时别泪看，
西窗蜡炬尚汍澜，
不堪重梦十年间。

斗柄又垂天直北，
官书坐会岁将阑，
更无人解忆长安。

苏 幕 遮

倦凭栏，
低拥髻，
丰颊秀眉，
犹是年时意。
昨夜西窗残梦里，
一霎幽欢，
不似人间世。

恨来迟，
防醒易。
梦里惊疑，
何况醒时际？
凉月满窗人不寐，
香印成灰，
总作回肠字。

浣　溪　沙

本事新词定有无，
斜行小草字模糊，
灯前肠断为谁书？

隐几窥君新制作，
背灯数妾旧欢娱。
区区情事总难符。

蝶 恋 花

袅袅鞭丝冲落絮，
归去临春，
试问春何许？
小阁重帘天易暮，
隔帘阵阵飞红雨。

刻意伤春谁与诉，
闷拥罗衾，
动作经旬度。
已恨年华留不住，
争知恨里年华去。

蝶 恋 花

窗外绿阴添几许，
剩有朱樱，
尚系残红住。
老尽莺雏无一语，
飞来衔得樱桃去。

坐看画梁双燕乳。
燕语呢喃，
似惜人迟莫。
自是思量渠不与，
人间总被思量误。

点 绛 唇

屏却相思，
近来知道都无益。
不成抛掷，
梦里终相觅。

醒后楼台，
与梦俱明灭。
西窗白，
纷纷凉月，
一院丁香雪。

清 平 乐

斜行淡墨，
袖得伊书迹。
满纸相思容易说，
只爱年年离别。

罗衾独拥黄昏，
春来几点啼痕。
厚薄不关妾命，
浅深只问君恩。

浣 溪 沙

已落芙蓉并叶凋，
半枯萧艾过墙高。
日斜孤馆易魂销。
坐觉清秋归荡荡，
眼看白日去昭昭。
人间争度渐长宵。

诗　歌

读史二十首 录十二

回首西陲势渺茫，东迁种族几星霜？
何当踏破双芒屐，却向昆仑望故乡。

两条云岭摩天出，九曲黄河绕地回。
自是当年游牧地，有人曾号伏羲来。

慴慴生存起竞争，流传神话使人惊。
铜头铁额今安在？始信轩皇苦用兵。

澶漫江淮万里春，九黎才格又苗民。
即今魋髻穷山里，此是江南旧主人。

铜刀岁岁战东欧，石弩年年出挹娄。
毕竟中原开化早，已闻铁镠贡梁州。

谁向钧天听乐过，秦中自古鬼神多。
即今诅楚文犹在，才告巫咸又亚驼。

春秋谜语苦难诠，历史开山数腐迁。
前后固应无此作，一书上下二千年。

汉凿昆池始见煤，当年赀力信雄哉。
于今莫笑胡僧妄，本是洪荒劫后灰。

西域纵横尽百城，张陈远略逊甘英。
千秋壮观君知否？黑海东头望大秦。

北临洛水拜陵园，奉表迁都大义存。
纵使暮年终作贼，江东那更有桓温？

南海商船来大食，西京祆寺建波斯。
远人尽有如归乐，知是唐家全盛时。

黑水金山启伯图，长驱远摭世间无。
至今碧眼黄须客，犹自惊魂说拔都。

嘉兴道中

舟入嘉兴郭，清光拂客衣。
朝阳承月上，远树与星稀。
岁富多新筑，潮平露旧矶。
如闻迎大府，河上不旌旗。

五月十五夜坐雨赋此

积雨兼旬烟满湖，先生小疾未全苏。
水声粗悍如骄将，天色凄凉似病夫。
江上痴云犹易散，胸中妄念苦难除。
何当直上千峰顶，看取金波涌太虚。

晓　　步

兴来随意步南阡，夹道垂杨相带妍。
万木沉酣新雨后，百昌苏醒晓风前。
四时可爱惟春日，一事能狂便少年。
我与野鸥申后约，不辞旦旦冒寒烟。

偶　成

文章千古事，亦与时荣枯。
并世盛作者，人握灵蛇珠。
朝菌媚初日，容色非不腴。
飘风夕以至，零落委泥涂。
且复舍之去，周流观石渠。
蔽亏东观籍，繁会南郭竽。
譬如贰负尸，桎梏南山隅。
恒干块犹存，精气荡无余。
小子曹无状，亦复事操觚。
自忘宿瘤质，揽镜学施朱。
东家与西舍，假得紫罗襦。
主者虽不索，踧步终趑趄。
且当养毛羽，勿作南溟图。

坐　致

坐致虞唐亦太痴，许身稷契更奚为？
谁能妄把平成业，换却平生万首诗。

读 史 二 首

楚汉龙争元自可，师昭狐媚竟如何？
阮生广武原头泪，应比回车痛哭多。

当涂典午长儿孙，新室成家且自尊。
只怪常山赵延寿，赭袍龙凤向中原。

和巽斋老人伏日杂诗四首

春心不可掬，秋思更难量。
雨蚁仍争垤，风萤倏过墙。
视天殊澶漫，观化苦微茫。
演雅谁能续，吾将起豫章。

风露危楼角，凭栏思浩然。
南流河属地，西柄斗垂天。
匡卫中宫斥，梧枪复道缠。
为寻甘石问：失纪自何年？

平生子沈子，迟暮得情亲。
冥坐皇初意。楼居定后身。
精微存口说，顽献付时论。
近枉秦州作，篇篇妙入神。

清浅蓬莱水，从君跂一望。
无由参玉篆，尚记咏霓裳。
度世原无术，登真或有方。
近传羡门信，双鬓已秋霜。

游　仙

如盖青天倚杵低，方流玉水旋成泥。
五山峙海根无着，七圣同游路总迷。
员峤自沉穷发北，若华还在邓林西。
含生总作微禽化，玄鹤飞鸮自不齐。

戊午日短至

常雨常阴闼下都，佳辰犹自感暌狐。
天行未必愆终始，云物因谁记有无。
万里玄黄龙战野，一车寇孀鬼张弧。
烬灰拨尽寒无奈，愁看街头戏泼胡。

东轩老人两和前韵再叠一章

缁撮黄裘望彼都，报章稠叠慰羁弧。
蹉跎白日看时运，络绎行云半有无。
抟土定知非妙戏，射妖何意失阴弧。
国中总和元规乐，谁信文康是老胡？

杂　感

侧身天地苦拘挛，姑射神人未可攀。
云若无心常淡淡，川如不竞岂潺潺。
驰怀敷水条山里，托意开元武德间。
终古诗人太无赖，苦求乐土向尘寰。

偶 成 二 首

一

我身即我敌，外物非所虞。
人生免襁褓，役物固有余。
网罟一朝作，鱼鸟失宁居。
矫矫骅与骝，垂耳服我车。
玉女粲然笑，照我读奇书。
嗟汝矜智巧，坐此还自屠。
一日战百虑，兹事与生俱。
膏明兰自烧，古语良非虚。

二

蠕蠕茧中蛹，自缚还自钻。
解铃虎颔下，只待系者还。
大患固在我，他求宁非谩。
所以古达人，独求心所安。
翩然鸿鹄举，山水恣汗漫。
奇花散硐谷，喈喈鸣鹴鸾。
悠然七尺外，独得我所观。

至人更卓绝，古井浩无澜。
中夜搏嗜欲，甲裳朱且殷。
凯歌唱明发，筋力亦云单。
蝉蜕人间世，兀然入泥洹。
此语闻自昔，践之良独难。
厥途果奚从，吾欲问瞿昙。

颐 和 园 词

汉家七叶钟阳九，　沉洞风尘昏九有。
南国潢池正弄兵，　北沽门户仍飞牡。
仓皇万乘向金微，　一去宫车不复归。
提挈嗣皇绥旧服，　万几从此出宫闱。
东朝渊塞曾无匹，　西宫才略称第一。
恩泽何曾逮外家，　咨谋往往闻温室。
亲王辅政最称贤，　诸将专征捷奏先。
迅归橙抢回日月，　八方重睹中兴年。
联翩方召升朝右，　北门独付西平手。
因治楼船凿汉池，　别营台沼追文囿。
西直门西柳色青，　玉泉山下水流清。
新锡山名呼万寿，　旧疏河水号昆明。
昆明万寿佳山水，　中间宫殿排云起。
拂水回廊千步深，　冠山杰阁三层峙。
隥道盘行凌紫烟，　上方宝殿放祈年。
更栽火树千花发，　不数明珠彻夜悬。
是时朝野多丰豫，　年年三月迎銮驭。
长乐深严苦敝神，　甘泉爽垲宜清暑。
高秋风日过重阳，　佳节坤成启未央。
丹陛大陈三部伎，　玉卮亲举万年觞。
嗣皇上寿称臣子，　本朝家法严无比。
问膳曾无赐坐时，　从游罕讲家人礼。
东平小女最承恩，　远嫁归来奉紫宸。

卧起每偕荣寿主，丹青差喜缪夫人。
尊号珠联十六字，太官加豆依前制。
别启琼林贮羡余，更营玉府蒐珍异。
月殿云阶敞上方，宫中习静夜焚香。
但祝时平边塞静，千秋万岁未渠央。
五十年间天下母，后来无继前无偶。
却因清暇话平生，万事何堪重回首。
忆昔先皇幸朔方，属车恩幸故难量。
内批教写清舒馆，小印新镌同道堂。
一朝铸鼎降龙驭，后宫髯绝不能去。
北渚何堪帝子愁，南衙复遘丞卿怒。
手夷端肃反京师，永念冲人未有知。
为简儒臣严谕教，别求名族正宫闱。
可怜白日西南驶，一纪恩勤付流水。
甲观曾无世嫡孙，后宫并乏才人子。
提携犹子付黄图，劬苦还如同治初。
又见法官冯玉几，更劳武帐坐珠襦。
国事中间几翻覆，近年最忆怀来辱。
草地间关短毂车，邮亭仓卒芜蒌粥。
上相留都树大牙，东南诸将奉王家。
坐令佳气腾金阙，复道都人望翠华。
自古忠良能活国，于今母子犹玉食。
宗庙重闻钟鼓声，离宫不改池台色。
一自官家静摄频，含饴无异弄诸孙。
但看腰脚今犹健，莫道伤心迹已陈。
两宫一旦同绵惙，天柱偏先地维折。
高武子孙复几人，哀平国统仍三绝。
是时长乐正弥留，茹痛还为社稷谋。
已遣伯禽承大统，更扳周公觐诸侯。
别有重臣升御榻，紫枢元老开黄阁。
安世忠勤自始终，本初才气尤腾踔。

复数同时奉话言，诸王刘泽号亲贤。
独宰百官居冢宰，共扶孺子济艰难。
社稷有灵邦有主，今朝地下告文祖。
坐见弥天戢玉棺，独留未命书盟府。
原庙丹青俨若神，镜奁遗物尚如新。
那知此日新朝主，便是当时顾命臣。
离宫一闭经三载，绿水青山不曾改。
雨洗苍苔石兽闲，风摇朱户铜蠡在。
云韶散乐久无声，甲帐珠帘取次倾。
岂谓先朝营楚殿，翻教今日恨尧臣。
宣室遗言犹在耳，山河盟誓期终始。
寡妇孤儿要易欺，讴歌狱讼终何是。
深宫母子独凄然，却似滦阳游幸年。
昔去会逢天下养，今来劣受厉人怜。
虎鼠龙鱼无定态，唐侯已在虞宾位。
且语王孙慎勿疏，相期黄发终无艾。
定陵松柏郁青青，应为兴亡一拊膺。
却忆年年寒食节，朱侯亲上十三陵。

送日本狩野博士游欧洲

君山博士今儒宗，亭亭崛起东海东。
平生未拟媚邹鲁，胖釁每与沂泗通。
自言读书知求是，但有心印无雷同。
我亦半生苦泛滥，异同坚白随所攻。
多更忧患阅陵谷，始知斯道齐衡嵩。
夜阑促坐闻君语，使人气结回心胸。
颇忆长安昔相见，当时朝野同欢宴。
百僚师师学奔走，大官诺诺竞圆转。
庙堂已见纲纪弛，城阙还看士风变。
食肉偏云马肝美，取鱼坐觉熊蹯贱。
观书韩起宁无感，闻乐延陵应所叹。
巾车相送南城隅，岁琯甫更市朝换。
嬴蹶俄然似土崩，梁亡自古称鱼烂。
干戈满眼西风凉，众雏得意稚且狂。
人生兵死亦由命，可怜杜口心烦伤。
四方蹙蹙终安骋，幡然鼓棹来扶桑。
扶桑风物由来美，旧雨相逢各欢喜。
卜居爱住春明坊，择邻且近鹿门子。
商量旧学加邃密，倾倒新知无穷已。
幸免仲叔累猪肝，颇觉幼安惭龙尾。
谈深相与话兴衰，回首神州剧可哀。
汉土由来贵忠节，至今文谢安在哉。
履霜坚冰所由渐，麋鹿早上姑苏台。

兴亡原非一姓事，可怜僬僬京与垓。
此邦瞳瞳如晓日，国体宇内称第一。
微闻近时尚功利，复云小吏乏风节。
疲民往往困鲁税，学子稍稍出燕说。
良医我是九折肱，忧时君为三太息。
半年会合平安城，只君又作西欧行。
石室缃书自能事，缟带论交亦故情。
离朱要能搜赤水，楚国岂但夸白珩。
坐待归来振疲俗，毋令后世羞儒生。
勿携此诗西渡海，此中恐有蛟龙惊。

蜀　道　难

对案辍食惨不欢，请为君歌蜀道难。
蜀江委蛇几千折，峰峦十二烟云间。
中有千愁与万冤，南山北山啼杜鹃。
借问谁化此？幽愤古莫比。
云是江南开府魂，非复当年蜀天子。
开府河朔生名门，文章政事颇绝伦。
早岁才名揭曼硕，中年书札赵王孙。
簪笔翩翩趋郎署，绣衣一著飞腾去。
十年持节遍西南，万里皇华光道路。
幕府山头幕府开，黄金台畔起金台。
主人朱毕多时誉，宾客孙洪尽上才。
奉使山林绝驰道，幸缘薄谴归田早。
宝华庵中足百城，更将何地堪娱老。
呜呼，
乾嘉以还昌文物，器车争为明时出。
士夫好事过欧赵，学子考文陋王薛。
近来山左数吴陈，江左潘吴亦绝伦。
开府好古生最后，搜罗颇出诸家右。
匋斋著录苦未尽，请述一二遗八九。
玉刀三尺光芒静，宝鸡同禁尤完整。
孤本精严华岳碑，千言谟训毛公鼎。
河朔穷碑多辇致，中余六代朱文字。
丹青一卷顾长康，唐宋纷纷等自郐。

开府此外无他娱，到处琳琅载后车。
颇怪长沙储木屑，不愁新息谤明珠。
比来辇毂多闲暇，倦夜摩挲穷日夜。
自谓青山老向禽，那知白首随王贾。
铁官将作议纷纶，诏付经营起重臣。
又报烽烟昏玉垒，便移旌节上荆门。
玉垒荆门路几许，可怜遍地生榛莽。
木落秋经滟滪堆，风高暮宿彭亡聚。
提兵苦少贼苦多，纵使兵多且奈何。
戏下自翻汉家帜，帐中骤听楚人歌。
楚人三千公旧部，数月巴渝共辛苦。
朝趋武帐呼元戎，暮叩辕门诉索虏。
彻侯万户金千斤，首级还须赠故人。
此意公私君莫问，此时恩怨两难论。
爱弟相随同玉碎，赠官赐谥终何济。
铜鼓聊当蒿里歌，铁笼便是东园器。
杀胡林中作帝牺，蜀盐几斛相交加。
留取使君生面在，顺流直下长风沙。
南楼到日人人识，犹忆使君曾驻节。
将军置卫为周防，父老遥看暗呜咽。
昔闻暴抗汉与明，规摹还使后人惊。
和州有庙祠余阙，西楚何亲葬毂成。
即今蛮邸悬头久，枯骨犹闻老兵守。
白狄谁归先轸元，朱玚空请王琳首。
玉轴牙签尽作尘，兰亭殉葬更无因。
颇闻纪甗归齐国，复道龙文委水滨。
首在荆南身在蜀，归魂日夜西山麓。
千里空驰江上心，一时已抉城门目。
可怜萧瑟满江潭，无限江南与汉南。
莫问翠微旧山色，西风落木归来庵。

王国维

113

壬子岁除即事

又向殊方阅岁阑，梦华旧事记应难。
缁尘京洛浑如昨，风雪山城特地寒。
可但先人知汉腊，定谁军府问南冠。
屠苏后饮吾何憾，追往伤来自寡欢。

泳　史 癸丑（五首）

一

六龙时御天，肇迹元黄战。
牧野始开周，垓下遂造汉。
洛阳缚二竖，唐鼎初云奠。
赵宋号孱王，神武耀淮甸。
稜威既旁薄，大号乃涣汗。
六合始抟心，群丑亦革面。
令行政自举，病去利乃见。
游士复庠序，征夫归陇畔。
百年开太平，一日资涂炭。
自非舜禹功，漫侈唐虞禅。

二

先王号圣贤，后王称英雄。
英雄与圣贤，心异术则同。
非仁民弗亲，非义士莫从。
智勇纵自天，饥溺思在躬。
要令天下肥，始觉一身崇。

百世十世量，早在缔构中。
黄屋何足娱，所娱以其功。
成家与仲家，奄忽随飘风。
所以曹孟德，犹以汉相终。

三

典午师曹公，世亦师典午。
赫赫荀贾辈，所计在门户。
师尹既多辟，庶政乃无度。
季伦名家子，文采照区宇。
堂堂南州牧，乃劫西域贾。
祖逖出东塘，戴渊踞淮浦。
虎狼在堂室，徙戎复何补。
神州遂陆沉，百年委榛莽。
寄语桓元子，莫罪王夷甫。

四

塞北引弓士，塞南冠带民。
耕牧既殊俗，言语亦异伦。
三王大一统，乃以禹迹言。
大幕空度汉，长城已筑秦。
古来制漠北，独有唐与元。
元氏储祥地，唐家累叶婚。
神尧出独孤，官氏北地尊。
英英文皇帝，母后黑獭孙。
用兹代北武，纬以江左文。
婉娈服弓马，潇洒出经纶。

蕃将在阃外，公主过河源。
所以天可汗，古今惟一人。

五

少读陶杜诗，往往说饥寒。
自来夸毗子，焉知生事艰。
子云美笔札，遨游五侯间。
孔璋檄豫州，矢在袁氏弦。
魏台一朝建，书记又翩翩。
文章诚无用，用亦未为贤。
青春弄鹦鹉，素秋纵鹰鹯。
咄咄扬子云，今为人所怜。

昔　游（六首）

一

端居爱山水，懒性怯游观。
同游畏俗客，独游兴易阑。
行役半九州，所历多名山。
舟车有程期，筋力愁跻攀。
穷幽岂不快，资想讵足欢。
亦思追昔游，揽笔空汗颜。

二

我本江南人，能说江南美。
家家门系船，往往阁临水。
兴来即命棹，归去辄隐几。
远浦见萦回，通川流浣弥。
春融弄骀荡，秋爽呈清沚。
微风葭菼外，明月荇藻底。
波暖散凫鹥，渊深跃鲤鲤。
枯槎渔网挂，别浦菱歌起。
何处无此境，吴会三千里。

三

西湖天下胜，春日四序最。
我行值暮春，山路雨初霁。
言从金沙港，步至云林寺。
山川气苏醒，卉木昼融泄。
老干缀新绿，丛篁积深翠。
林际荡湖光，石根漱寒濑。
新莺破寂寥，时出高柳外。
兹游犹在眼，流水十年事。

四

二年客吴郡，所赏郡西山。
买舟出西郭，清光照我颜。
东风开垂柳，一一露烟鬟。
远望殊无厌，近揽信可餐。
天平石尤胜，巧匠穷雕镌。
想当洪濛初，此地朝群仙。
尽将白玉笏，插在苍崖巅。
仰跻磴道绝，俯视邱壑妍。
谷中颇夷旷，有庐有田园。
玉兰数百树，烂漫向晴天。
淹留逮日暮，坐见飞鸟还。
题名墨尚在，试觅白云间。

五

大江下岷峨，直走东海畔。
我行指夏口，所见多平远。
振奇始豫章，往往成壮观。
马当若连屏，石脚插江岸。
窈窕小姑山，微茫湖口县。
回首香炉峰，飞瀑挂半天。
玉龙升紫霄，头角没云汉。
昏旦变光景，阴晴殊隐现。
几时步东林，真见庐山面。

六

京师厌尘土，终日常掩关。
西山朝暮见，五载未一攀。
却忆军都游，发兴亦偶然。
我来自南口，步步增高寒。
两崖积铁立，一径羊肠穿。
行人入罟井，羸马蹴流泉。
左转弹琴峡，流水声潺潺。
夕阳在峰顶，万杏明倚天。
暮宿青龙桥，关上月正圆。
溶溶银海中，历历群峰巅。
我欲从驼纲，北去问居延。
明朝入修门，依旧尘埃间。

隆裕皇太后挽歌辞九十韵

先帝将亲政，旁求内助贤。
宗臣躬奉册，天子自临轩。
长女爰迎渭，元妃凤号嫄。
未央新受玺，长乐故承欢。
问寝趋西苑，从游在北园。
太官分玉食，女史进银环。
璧月临华沼，明河界掖垣。
铜龙宵咽漏，香兽晓喷烟。
礼数元殊绝，恩波自不偏。
螽斯宜揖揖，瓜瓞望绵绵。
就馆终无日，专房抑有缘。
齐纨虽暂弃，汉剑固难捐。
家国频多事，君王企改弦。
亲臣用安石，旧学重甘盘。
调护终思皓，危疑仁得韩。
东朝仍薄怒，左卫且流言。
玉几陈朝右，珠襦出殿前。
求医晨下诏，训政暮追班。
宣室从今罢，长门自昔闲。
事虽西掖秘，语已内家传。
闻疾然疑作，瞻天去住难。
翻因朝鹤禁，暂得对龙颜。
憔悴凭谁问，忧虞只自怜。

妾身甘薄命，官里愿加餐。
别殿春巢燕，离宫夏听蝉。
王家犹阽机，国步遂迍邅。
锡魏妖氛别，钩陈杀气躔。
轻装同涕出，下殿但衣牵。
豆粥芜亭畔，柴车易水边。
终然随玉辇，幸免折金鞭。
去国诚多感，回銮更永叹。
乾刊重缔造，母子尚防闲。
梦去瀛台近，愁来渤海宽。
枯桐根半死，古井水长寒。
掩抑长生祝，仓皇末命宣。
鹤归寒有语，龙去迥难攀。
先后同危慑，升真各后先。
委裘迎济北，负扆伏河间。
孺子垂裳日，亲王摄政年。
谦冲如昨日，悲感每无端。
泪与湘流竭，恩惟鞠子单。
起居调甲观，游幸罢甘泉。
篝火俄张楚，传烽忽到燕。
大臣惟束手，小吏或弹冠。
阃外无卢植，山中有谢安。
庙谟先立帅，廷议尽推袁。
洒落捐前隙，低徊忆后艰。
方令调鼎鼐，不独总师干。
反旆从江浒，衔恩入上兰。
君臣同涕泪，殿陛尽潺湲。
礼自群僚绝，权教一相专。
坐令成羽翼，不觉变寒暄。
鄂渚宽穷寇，金陵撤外援。
虚张江表势，都散水衡钱。

国论归操纵，军心任控抟。
嗣宗因劝进，祭仲自行权。
大内更筹转，中宵禅草颁。
琅琅宣德令，草草载书编。
帝制仍平日，宫僚俨备员。
鹭飞今作客，龙亢昔乘乾。
城阙罘罳坏，园陵草露沄。
黄图余禁籞，赤子剩中涓。
寂寞看冲主，欹歔对讲官。
哓音缘室毁，忍死为巢完。
属者逢天寿，佳辰近上元。
诸王仍入内，故相愿交欢。
焜赫生辰使，凄凉上寿筵。
陪臣称上客，拜表易通笺。
御殿心如噎，移宫议又喧。
长春才受贺，宁寿遽升仙。
侧听弥留耗，传从丙夜阑。
嗣皇居膝下，太保到帘前。
母子恩无极，君臣分俨然。
指天明寄托，视日但汍澜。
前殿繁霜重，西垣落月圆。
寺人缠玉柙，园匠奉金棺。
畴昔悲时命，中间值播迁。
一身元濩落，九庙幸安全。
地轴俄翻覆，天关倏转旋。
腐心看夏社，张目指虞渊。
此去朝先帝，相将诉昊天。
秋荼知苦味，精卫晓沉冤。
道路传乌喙，宫廷违马肝。
生原虚似寄，死要重于山。
举世嫌濡足，何人识仔肩。

补天愁石破，逐日恨泉乾。
心事今逾白，精诚本自丹。
山河虽已异，名节固难刊。
谏德词臣少，流言秽史繁。
千秋彤管在，试与诵斯篇。

癸丑三月三日京都兰亭会诗

大挠以还几癸丑，纪年惟说永和九。

人间上巳何岁无，独数山阴暮春初。

尔来荏苒经几年，岁星百三十周天。

会稽山水何岑寂，竭来异国会群贤。

东邦风物留都美，延阁沉沉连云起。

翻砌非无芍药花，绕门恰有流觞水。

此会非将禊事修，却缘禊序催清游。

信知风俗与时易，惟有翰墨足千秋。

忆昔山阴典郡日，郡中流寓多簪绂。

会稽山水固无双，内史风流复第一。

兰亭修禊序且书，书成自谓绝代无。

一朝茧纸阒幽宅，人间从此无真迹。

后来并失唐人摹，近世犹传宋时石。

此邦士夫多好事，古今名拓争罗致。

我来所见皆瑰奇，二十八行三百字。

开皇响拓殊未工，犹是当年河朔风。

后代正宗推定武，同时摹本重神龙。

南渡家家置一石，流传此日犹珍惜。

偏旁考校徒区区，神采照人殊奕奕。

行书斯贴称墨皇，况有真草相辉光。

小楷几通越州帖，草书三卷澄清堂。

古来书圣推内史，但有赞扬绝言议。

我今重与三摩挲，请为世人阐真秘。

昔人论书以势名，古文篆隶各异型。
千年四体相嬗代，惟尽其势体乃成。
汉魏之间变古隶，体虽解散势犹未。
波磔尚存八分法，茂密依稀两京制。
墓田数帖意独殊，流传仍出山阴摹。
永和变法创新意，世间始有真行书。
由体生势势生笔，书成乃觉体势一。
相斯小篆中郎隶，后得右军称三绝。
小楷法度尽黄庭，行书斯帖具典刑。
草书尺牍尚百数，何曾一一学伯英。
后来鲁公知此意，平生盘礴多奇气。
大书往往爱摩崖，小字麻姑但游戏。
真行巨细无间然，先后变法王与颜。
坐令千载嗟神妙，当日只自全其天。
我论书法重感喟，今年此地开高会。
文物千秋有废兴，江河万古犹滂沛。
君不见、兰亭曲水埋荒烟，当年人物不复还。
野人牵牛亭下过，但道今是牛儿年。

游　仙

乙　卯

一

金册除书道赐秦，西垂亿见霸图新。
已缘获石祠陈宝，更喜吹箫得上真。
鹑首山河归版籍，凤台歌吹接星辰。
谁知一觉钧天梦，寂寞祈年馆下人。

二

十赍文成九锡如，三千剑履从云车。
临轩自佩黄神印，受箓教披素女书。
金检赤文供劾召，云窗雾阁榜清虚。
诙谐叵奈东方朔，苦为虚皇注起居。

三

劫后穷桑号赤明，眼看天柱向西倾。
经霜琪树春前槁，得水神鱼地上行。
尽有三山沉北极，可无七圣厄襄城。
蓬莱清浅寻常事，银汉何年风浪生？

海上送日本内藤博士

安期先生来何许？赤松洪崖为伴侣。

蹴踏鹿卢龙与虎，西来长揖八神主，

翩然游戏始齐鲁。

陟登泰山眺梁父，摩挲秦碑溯三五。

上有无怀所封土，七十二王文字古。

横厉泗水拜尼甫，千年礼器今在否？

雷洗觞瓺爵鹿柤，豆笾钟磬琴瑟鼓。

何所当年虁相圃，南下彭城过梁楚。

飙轮直邸黄歇浦，回车陋巷叩蓬户。

袖中一卷巨如股，尚书原出晋秘府，

天宝改字笑莽卤。

縢以玉篇廿三部，初唐书迹凤鸾翥。

玉案金刀安足数，何以报之愧郑绖。

送君西行极汉浒，游目洞庭见娥女。

北辕易水修且阻，困民之国因殷土。

商侯治河此胥宇，洒沉澹灾功微禹。

王亥嗣作殷高祖，服牛千载德施普。

击床何怒逢牧竖，河伯终为上甲辅。

中兴大业迈乘杜，三十六叶承天序。

有易不宁终安补，我读天问识其语。

竹书谰言付一炬，多君前后相邪许。

太丘沦鼎一朝举，君今渡河绝漳滏。
眼见殷民常龋斝，归去便将阙史补。
明岁寻君道山府，如瓜大枣傥乞与，
我所思兮衡漳渚。

王
国
维

海日楼歌寿东轩先生七十戊午

海日高楼俯晴空，若华夜半光熊熊，
九衢四照纷玲珑。
下枝扶疏上枝童，阳乌爰集此其宫。
扈从八神骖六龙，步自太平径太蒙，
我有不见彼或逢。
悲泉蒙谷次则穷，桑榆西接榑木东。
斯楼突兀星座通，银涛涌见金芙蓉。
谁与主者东轩翁，楼居十年朝海童，
西行偶蹑夸父踪。
拄杖不化邓林松，归来礼日东轩中。
咸池佳气瞻郁葱，在昔宠眉汉阳公，
手扶赤日升玄穹。
问年九九时登庸，翁今尚弱一星终。
猿鹤那必非夔龙，刿翁余事靡不综。
儒林丈人诗派宗，小鸣大鸣随叩钟。
九天珠玉戛铃鏦，狐裘笠带都士容。
永嘉末见正始风，典刑文献森在躬。
德机自杜符自充，工歌南山笙丘崇，
翁年会与海日同。
诗家包丘伯，道家浮丘公，列仙名在儒林中，
平生幸挹天衣袖，自办申辕九十翁。

冬夜读《山海经》感赋

兵祸肇蚩尤，本出庶人雄。

肆其贪饕心，造作兵与戎。

帝受玄女符，始筑肩髀封，龙驾俄上仙，颛顼方童蒙。

康回怒争帝，立号为共工。

首触天柱折，乃与西北通。

坐令赤县民，当彼不周风。

尔臣何人号相繇，蛇身九首食九州，蘦草则死蠚木枯。

呜尼万里成泽湖，神禹杀之其血腥。

臭不可以生五谷，湮之三仞土三菹。

峨峨群帝台，南瞰昆仑虚。

伟哉万世功，微禹吾其鱼。

黄帝治涿鹿，共工处幽都。

古来朔易地，中土同膏腴。

如何君与民，仍世恣毒痛？

帝降洪水一荡涤，千年刚卤地无肤。

唐尧乃嗟咨，南就冀州居。

所以禹任土，不及幽并区。

吁嗟乎，敦薨之海涸不波，乐池灰比昆池多。

高岸为谷谷为阿，将由人事匪有它。

断鳌炼古今则那，奈汝共工相繇何！

致汪康年

（1899 年 4 月 14 日）

穰卿先生督：

　　前日读公与藤师书，风节懔然。窃叹公之持正，而恨平日之知公有未尽也。既又读复藤师书，持论平实，毅然有不可屈之色，益服公之志。闻诸藤师尚欲遗书诘公，故敢献一言。藤师学术湛深，其孜孜诲人不倦之风尤不可及。开岁以后未交一文之修，而每日上讲堂至五点钟，（彼中学堂教习至多不过三点钟）其为中国不为一己之心，固学生所共知，而亦公之所谅也。其酒后沈湎，因不无小过，前日之事生徒中之稍有识者无不窃愤，公前后二书，亦足以伸中国士夫之气而慑外人矣。彼得书后不引咎而责公，因其量褊，亦彼中士夫之风气使然。以后如再遗书于公，公宜引过自责，无再辩难，以安其身，而彼亦不致再蹈前辙。以上所说，公岂有不知，所以不肯逊词者，欲使外人知吾国士气之不可屈耳。顾事有重轻焉，吾国现在人才未成，一切庶务皆须借才而理。藤师卒业大学，其所交游固皆彼中极有才学之士，若一旦不合，翩然竟去，讼言吾国士大夫之不可共事于天下，则彼中材智皆将裹足不为中国用，此事关系尤非小也。诗曰："彼君子兮，噬皆来游。"愿公留意斯言。耑此，敬请

　　台安

国维顿首　　　初五日夜

致缪荃孙

（1913 年 5 月 13 日）

艺风先生大人尊鉴：

昨奉赐书，并大稿《山陵挽诗》五律二首。读至"地老鹃啼血，天悲鹤语寒"。因忆去岁除夕作"可但先生知汉腊，定闻老鹤语尧年"。竟成讦语，岂不异哉。拙作排律用通韵，法古人，似但有一二字出入。若全首通押，现未能发见其例。惟国维平生于诗最不喜用僻韵，致使一诗中有骈枝之语、不达之意，故大胆为之。且其中镳金二字（以今日已无闭口声，故亦放胆用之。）阑入盐咸闭口韵，尤为从古所无。劳玉老曾以是相规，心知其非而不能改也。要之，此等诗非为一时而作，但使后之读此诗者惜其落韵，斯亦足矣。诗止于九十韵，亦由此故，若必敷衍成百韵，则难免无谓之语插入其间，先生以为何如？

至东以后得古今体诗二十首，中以长篇为多，现在拟以日本旧大木活字排印成册，名曰《壬癸集》，成后当呈教。顷多阅金文，悟古代宫室之制，现草《明堂庙〔寝〕寝〔庙〕通考》一书，拟分三卷：己说为第一卷（已成），次驳古人说一卷，次图一卷。此书全根据金文、龟卜文，而以经证之无乎不合。脱稿之后，再行呈教。

南北交讧，势成决裂，然将来或以妥协了事，亦未可知。《古学汇刊》闻此间颇有购者。余俟续陈。专请

颐安百一

国维顿首　　浴佛日

《太平事迹统类》已转致授经矣。又拜。

致罗振玉

一

〔原件上缺〕乱事靡定，人思息肩，天下大势恐遂归匹碑之手。以势力计之，大约段七分，南军三分。颇闻袁之要人已多归心匹碑，然亦可反复。此人在今日，正如夫己氏之在辛亥，然亦岂拨乱之才哉？此次粗定尚须半年，至一二年后又当复生变故，恐神州自此已矣。

报又载艺风事，可笑之至，世有此人，真读书者之羞也。盛宫保去世。江阴战争大约可了。昨《时事新报》谓炮台变兵已由艺风托人经手，以七万元买收枪炮，前要求南京不派兵进攻，亦由党人以劝进事恫猲艺，并诱以利，使联名电宁，宁即以疏通责彼，亦许以酬报，此等恐未必尽实，然空穴来风，亦有以致之也。

沪宁车通，沪杭仍未通，惟轮船及邮件尚无阻滞。浙中持柄者与宁沪仍有联络，故苏浙之间想不至有战事。两马皆弩骀，令为闷损。〔原件下缺〕

二

（1916 年 12 月 29 日）

再启者：

自夏后所得公书，每想见怀抱不畅，逐年心情想亦今兹为劣矣。公书时以家事为言，然此事亦正无法，大抵有可设法补救则补救之，无则姑置之，愤怒忧郁无补于事，而徒伤于身。公此次胃疾，自中医言之当以为肝病也，语亦有理。公平日最不喜闲，心常动作，乃系精力兼人之故。故以公之体，用心与动作不能为病，惟郁结为致病之源，须以动作与闲散二法排遣之。前年《殷虚书契考释》成时，前印公写照，维本拟题诗四首，仅成一首故未题。其诗云："不关意气尚青春，风雨相看各怆神。南沈北柯俱老病，先生华发鬓边新。"现凤老不知何如？乙老多痰，然无甚病，尚足支十年。公年力俱尚未艾，此数年中学问上之活动总可继续二十年。试思此十年中之成绩以度后之二十年，其所得当更何如！公之事业尚未及半，切勿以小事介于怀抱而使身体受其影响，此非维一人之私望也。

此间自入冬至上月抄本甚温暖，自朔日后骤冷，最低至十度左右，最高亦不过二十度，竟日未尝解冻，幸砚尚未冰，故得为乙老写成诗稿一卷。今日稍暖而雨。

顷读乙老《壬癸录》，中有一杂诗似为公作者，录呈左右。专此，再请

道安

国维又拜　　初五日上午

安期尔何人，得非鲁连徒？却秦入东海，传为列仙儒。朝与青童游，暮归紫府居。锵锵白凤凰，侍从随仙舆。辟谷亦何为？食薇不顾余。披发下大荒，冥搜宛委书。云气闷徐市，岳图付仲舒。谁言齐士怪，正笑田横愚。南史简不存，长怀一嗟吁。

再，范处百八十元当即交去。敬公来取去《秦金石刻辞》《宏农冢墓遗文》各四部，云已致函公处。又哈园前交来者乃《天笁字源》箱中物，已均送纬公处矣。又闻。

三

（1917 年 1 月 13 日）

雪堂先生有道：

冰泉之弟赴东，托带上黄书画十四年、《邠州石室录》二册，《礼仪》二册、《学术丛编》四期六册，想均收到。十七日过冰泉处始见苑山居图卷，令人惊心动魄。此卷与小幅在公藏器几可与溪山行旅、群峰霁雪抗衡，因绢素干净，故精神愈觉焕发。观山居卷知香光得力全在此种。公今岁得此度岁，亦可谓不寂寞矣。但价值已言定否？冰泉对维言，谓立幅须得千二百金，卷在二三千之间，不知此二件能以二千余元得之否？石谷临巨然烟迷远岫大佳，其索价亦贵，恐亦公所必购者。此次北苑卷幅皆匆匆一阅，未及细观，明年当在公斋饱阅之，平生于北苑眼福可谓至厚矣。此二件当为北苑早年之作，行旅图稍后，而群峰雪霁则系晚年之作。香光之夏山图与山居卷相近，所恨龙宿郊民与潇湘图一种笔墨不可见耳。然此次两件之出已非意料所及，则安知潇湘图等不有发见之一日乎。

木假山拓本前日乙老谓当即题，此数日稍暖，或可践言。此次奇寒为近年所未有，近四五日已暖，而河冰尚未尽解。（小轮等至今犹未再行。）维于天暖后乃反伤风，昨晚发寒热一次，既发热则愈必速矣。

浙事渐定，徐州会议又开，以后北派势力当增长，此亦自然之势也。

近日思为《说文古文考》，古文共五百余字，现无甚发明，惟冀临时拾得耳。胃疾想当全愈。明年公到沪时，计佳画须裱又需亲自照料者甚多，何不携功课来此作二月句留乎。《学术丛编》年内可成者只有六册，商务所印之后六册，须于明年正月底告竣。专届，教请

道安不一

国维再拜　　廿日下午

朱梁任赠一明官印之本，惜未拓上面阴文款，谨以奉呈。

陈 宝 说

《书·顾命》："越玉五重，陈宝、赤刀、大训、弘璧、琬琰在西序。大玉、夷玉、天球、河图，在东序。"《书》疏引《郑注》云："方有事，陈之以华国。"伪《孔传》略同。余谓如郑、孔说，则"陈宝"二字乃目下文，当在越玉五重之上，不当在其下。以文义言，则西序、东序所陈，即五重之玉也。重者，非一玉之谓。盖陈宝、赤刀为一重，大训、弘璧为一重，琬琰为一重，在西序者三重。大玉、夷玉为一重，天球、河图为一重，在东序者二重，合为五重。何以言之？《史记·秦本纪》文公"十九年，获陈宝"，而《封禅书》言："文公获若石云，于陈仓北坂城祠之。其神或岁不至，或岁数来，来也常以夜，光辉若流星，从东南来集于祠城，则若雄鸡，其声殷云，野鸡夜雏。以一牢祠，名曰陈宝。"是秦所得陈宝，其质在玉、石间，盖汉益州金马、碧鸡之比，秦人殆以为《周书·顾命》之陈宝，故以名之。是陈宝亦玉名也。赤刀亦然。内府藏古玉赤刀，屡见于《高宗纯皇帝御制诗集》，又浭阳端氏旧藏一玉刀，长三尺许，上涂以朱，赤色烂然。《书》之赤刀，殆亦此类。大训盖镌刻古之谟训于玉，河图则玉之自然成文者。数者虽无确证，然涵泳经文，盖无以易此解也。《广雅释器》："陈宝，刀也。"是张稚让已不从郑注。

《书·顾命》同瑁说

　　《书·顾命》"上宗奉同瑁"，又"乃受同瑁"，《今文尚书》"同"作"铜"，无瑁字。《白虎通·爵篇》引《书》"王再拜兴对，乃受铜"，此虽与《通典》所引《白虎通》古本不合，见《周书顾命续考》。然下文申释之曰："吉冕服受铜，称王以接诸侯，明已继体为君也。释冕藏铜反丧服，明未称王以统事也。"两言铜，不及瑁，是今文经无瑁字，而铜之释则与瑁略同。《吴志·虞翻传》注引《翻别传》云："《今经》谓今文经。益'金'作'铜'，诂训谓天子副玺。"此非谓今文家以玺释铜，乃谓其释周之铜，其用如秦汉之玺也。周时天子诸侯皆以玉为瑞，《考工记》："玉人之事，镇圭尺有二寸，天子守之。"又云："天子执冒四寸，以朝诸侯。"天子之瑞，有此二等。上经言大保承介圭，今文家盖以为天子正玺。此释铜云天子副玺，则与《考工记》之冒正相当矣。《尚书大传》："古者圭必有冒，言不敢专达之义也。天子执冒，以朝诸侯。"《白虎通·瑞贽篇》："瑁之为言冒也，上有所覆，下有所冒也。"盖以天子之瑁，尽冒公侯伯之命圭，如秦汉之右符，今文家说意盖如此。马融从古文作"同"，而释之曰："同者，大同天下。"意盖从今文家说，以同为瑁也。《虞翻别传》又云："古'曰'似'同'，从误作同。"则古文家中更有以同字为'曰'之误者。康成本乃兼存同、瑁二字，而训同为酒杯。原郑之所以易旧注者，以经言"乃受同，王三宿，三祭，三咤。大保受同，降盥。大保受同，祭哜宅，"明同是酒器，不得释为瑁。而瑁字又今古文家旧说，不敢遽易，故并存之。余谓同、瑁一物，即古圭瓒，盖圭瓒之制，可合可分。天子之瓒，与诸侯之命圭相为牝牡。诸侯朝天子，天子受其命圭，_{聘礼有受玉之事，朝觐礼亦宜然，}《尧典》所谓辑瑞也。冒之以瓒，因以行祼将之礼。以其冒圭之首，故谓之瑁；以其尽冒公侯伯三等之圭，故谓之同。此说虽无根据，然味经文"以异同秉璋以酢"一语，古秉、柄一字，大保自酢，以璋为同柄，其献王时，自必以介圭为同柄矣。余曩作《顾命考》早怀此解，以其单文孤证，故不欲著其说。继思古今二家经文异同与其师说必得此而后可通，故姑著之，以俟后人论定。至《玉人》所记冒与祼圭为二物，则出于周末制度亡失之后，固不足以难此说也。

与友人论《诗》《书》中成语书（一）

　　《诗》《书》为人人诵习之书，然于六艺中最难读。以弟之愚暗，于《书》所不能解者殆十之五，于《诗》亦十之一二。此非独弟所不能解也，汉魏以来诸大师未尝不强为之说，然其说终不可通，以是知先儒亦不能解也。其难解之故有三：讹阙，一也。此以《尚书》为甚。古语与今语不同，二也。古人颇用成语，其成语之意义，与其中单语分别之意义又不同，三也。唐宋之成语，吾得由汉魏六朝人书解之，汉魏之成语，吾得由周秦人书解之。至于《诗》《书》，则书更无古于是者，其成语之数数见者，得比较之而求其相沿之意义，否则不能赞一辞。若但合其中之单语解之，未有不龃龉者。试举一二例言之。如"不淑"一语，其本意谓不善也。不善，或以性行言，或以遭际言，而不淑，古多用为遭际不善之专名。《杂记》记诸侯相吊辞相者请事，客曰："寡君使某，如何不淑！"致命曰："寡君闻君之丧，寡君使某如何不淑！"《曲礼》注云："相传有吊辞云：'皇天降灾，子遭罹之，如何不淑！'"如何不淑者，谓遭此不幸，将如之何也。《左·庄十一年传》：宋大水"公使吊焉，曰：'天作淫雨，害于粢盛，若之何不吊？'"又《襄十四年传》："公使厚成叔吊于卫，曰：'寡君使瘠，闻君不抚社稷而越在他竟，若之何不吊？'"古吊、淑同字，若之何不吊，亦即如何不淑也。是如何不淑者，古之成语，于吊死唁生皆用之。《诗·鄘风》："子之不淑，云如之何？"正用此语，意谓宣姜本宜与君子偕老，而宣公先卒，则子之不淑云如之何矣！不斥宣姜之失德，而但言其遭际之不幸，诗人之厚也。《王风》"遇人之不淑"，亦犹言遇人之艰难。不责其夫之见弃，而但言其遭际之不幸，亦诗人之厚也。诗人所用，皆当时成语，有相沿之意义。毛、郑胥以不善释之，失其旨矣。古又有"陟降"一语，古人言陟降，犹今人言往来，不必兼陟与降二义。《周颂》"念兹皇祖，陟降庭止"、"陟降厥士，日监在兹"，意以降为主，而兼言陟者也。

《大雅》"文王陟降，在帝左右"，此以陟为主而兼言降者也。故陟降者，古之成语也。陟降亦作陟各，《左·昭七年传》"叔父陟恪，在我先王之左右"，正用《大雅》语。恪者，各之借字，是陟各即陟降也。古陟、登声相近，各、恪假字，又相通，故陟各又作登假。《曲礼》"告丧曰：天王登假"，《庄子·德充符》"彼且择日而登假"，《大宗师》"是知之能登假于道也"，若此，登假亦即陟降也。又作"登遐"，《墨子·节葬篇》："秦之西有仪渠之国者，其亲戚死，聚柴薪而焚之熏上，则谓之登遐。"登遐亦即陟降也。登假、登遐，后世用为崩薨之专语，而通语之陟降，别以登降、升降二语代之。然四语所从出之源，尚历历可指。《书·文侯之命》"昭登于上"，今《书》作"昭升于上"，然《史记·晋世家》、典引蔡邕注皆引《书》"昭登于上"，盖今文如是。《诗·大雅》言"昭假于下"，登与假相对为文，是登假即陟降之证也。《左传》之"陟恪"，《曲礼》之"登假"，《墨子》之"登遐"，皆谓登而不谓降，此又《大雅》之"陟降"不当分释为上下二义之证也。《诗》《书》中语类此者颇多，姑举其一二可知者，知字义之有转移，又知古代已有成语，则读古书者，可无以文害辞、以辞害志之失矣。

战国时秦用籀文六国用古文说

余前作《史籀篇疏证序》，疑战国时，秦用籀文，六国用古文，并以秦时古器遗文证之。后反覆汉人书，益知此说之不可易也。班孟坚言，《仓颉》《爰历》《博学》三篇文字多取诸《史籀篇》，而字体复颇异，所谓秦篆者也。许叔重言，秦始皇帝初兼天下，丞相李斯乃奏同文字，罢其不与秦文合者。斯作《仓颉篇》，中车府令赵高作《爰历篇》，太史令胡毋敬作《博学篇》，皆取《史籀》大篆，或颇省改，所谓小篆者也。是秦之小篆本出大篆，而《仓颉》三篇未出大篆未省改以前，所谓秦文，即籀文也。司马子长曰："秦拨去古文。"扬子云曰："秦铲灭古文。"许叔重曰："古文由秦绝。"案：秦灭古文，史无明文，有之惟一文字与焚诗书二事。六艺之书行于齐鲁，爰及赵魏，而罕流布于秦，犹《史籀篇》之不行于东方诸国。其书皆以东方文字书之，汉人以其用以书六艺，谓之古文，而秦人所罢之文与所焚之书，皆此种文字，是六国文字即古文也。观秦书八体中有大篆无古文，而孔子壁中书与《春秋左氏传》，凡东土之书，用古文不用大篆，是可识矣。故古文、籀文者，乃战国时东西二土文字之异名，其源皆出于殷周古文，而秦居宗周故地，其文字犹有丰镐之遗，故籀文与自籀文出之篆文，其去殷周古文反较东方文字即汉世所谓古文。为近。自秦灭六国，席百战之威，行严峻之法，以同一文字。凡六国文字之存于古籍者，已焚烧铲灭，而民间日用文字，又非秦文不得行用，观传世秦权、量等，《始皇廿六年诏》后，多刻《二世元年诏》，虽亡国一二年中，而秦法之行如此，则当日同文字之效可知矣。故自秦灭六国以至楚汉之际，十余年间，六国文字遂遏而不行。汉人以六艺之书皆用此种文字，又其文字为当日所已废，故谓之古文。此语承用既久，遂若六国之古文即殷周古文，而籀、篆皆在其后，如许叔重《说文序》所云者，盖循名而失其实矣。

《史记》所谓古文说

　　自秦并天下，同一文字，于是篆、隶行而古文、籀文废，然汉初古文、籀文之书未尝绝也。《史记·张丞相列传》："张丞相苍，好书律历，秦时为御史，典柱下方书。"而许氏《说文序》言，北平侯张苍所献《春秋左氏传》，盖即柱下方书之一。是秦柱下之书，至汉初未亡也。《太史公自序》言，秦拨去古文，焚灭诗书，故明堂石室金匮玉版图籍散乱。而武帝元封三年，司马迁为太史令，绅史记石室金匮之书，是秦石室金匮之书，至武帝时未亡也。故太史公修《史记》时所据古书，若《五帝德》，若《帝系姓》，若《谍记》，若《春秋历谱谍》，若《国语》，若《春秋左氏传》，若《孔氏弟子籍》，凡先秦六国遗书，非当时写本者，皆谓之古文。《五帝本纪》云："孔氏所传宰予《五帝德》及《帝系姓》，儒者或不传。余尝西至崆峒，北过涿鹿，东渐于海，南浮江淮矣，至长老皆各各称黄帝、尧、舜之处，风教固殊焉，总之不离古文者近是。"《索隐》云："古文，谓《帝德》《帝系》二书也。"是《五帝德》及《帝系姓》二篇本古文也。《三代世表》云："余读《谍记》，黄帝以来皆有年数，稽其历谱谍终始五德之传，古文悉不同，乖异。是《谍记》与《终始五德传》褚先生《补三代世表》引《黄帝终始传》，是《终始五德传》亦书名。亦古文也。《十二诸侯年表》云："太史公读《春秋历谱谍》。"又云："《谱谍》独记世谥，其辞略，欲一观诸要难。于是谱十二诸侯，自共和始讫孔子，表见《春秋》《国语》。学者所讥盛衰大指，著于篇，为成学治古文者要删焉。"由是言之，太史公作《十二诸侯年表》，实为《春秋》《国语》作目录，故云"为成学治古文者要删"，是《春秋》《国语》皆古文也。《吴太伯世家》云："余读《春秋》古文，乃知中国之虞与荆蛮、句吴兄弟也。"此即据《左氏传》宫之奇所云"太伯、虞仲，太王之昭"者以为说，而谓之《春秋》古文，是太史公所见《春秋左氏传》亦古文也。《七十二弟子列

传》云："《弟子籍》，出孔氏古文近是。"此孔氏古文非谓壁中书，乃谓孔氏所传旧籍，而谓之古文，是《孔子弟子籍》亦古文也。然则太史公所谓古文，皆先秦写本旧书，其文字虽已废不用，然当时尚非难识，故《太史公自序》云："年十岁则诵古文。"太史公自父谈时已掌天官，其家宜有此种旧籍也。惟六艺之书为秦所焚，故古写本较少，然汉中秘有《易》古文经，河间献王有古文先秦旧书《周官》《尚书》《礼》。《礼记》，固不独孔壁书为然，至孔壁书出，于是《尚书》《礼》《春秋》《论语》《孝经》皆有古文。孔壁书之可贵，以其为古文经故，非徒以其文字为古文故也。盖汉景、武间，距用古文之战国时代不及百年，其识古文当较今日之识篆隶为易，乃《论稀·正说篇》谓鲁恭王得百篇《尚书》于屋壁中，使使者取视，莫能读者。作伪《孔安国尚书序》者仍之，谓科斗书废已久，时人莫能知。卫恒《四体书势》亦云："汉武时鲁恭王坏孔子宅，得《尚书》《春秋》《论语》《孝经》，时人已不复知有古文，谓之科斗书。"是亦疏矣。求之《史记》，但云："孔氏有《古文尚书》，而安国以今文读之，因以起其家，《逸书》得十余篇。"此数语，自来读者多失其解。王氏念孙《读书杂志》用其子伯申氏之说曰："当读'因以起其家'为句，'逸书'二字连下读。起，兴起也；家，家法也。汉世《尚书》多用今文，自孔氏治古文经，读之说之，传以教人，其后遂有古文家，是古文家法自孔氏兴起也，故曰'因以起其家。'"又云：《汉书·艺文志》曰，凡《书》九家，谓孔氏《古文》、伏生《大传》、欧阳、大小夏侯《说》及刘向《五行传记》、许商《五行传记》《逸周书》、《石渠议奏》也。《刘歆传》曰："数家之事，皆先帝所亲论，今上所考视，谓《逸礼》《古文尚书》《春秋左氏》也。"是《古文尚书》自为一家之证。《书序正义》引刘向《别录》曰："武帝末，民间有得《秦誓》，献之，与博士使读说之，数月皆起。"《后汉书·桓郁传》注引《华峤书》："明帝问郁曰：'子几人能传学？'郁曰：'臣子皆未能传学。孤兄子一人学方起。'帝曰：'努力教之，有起者即白之。'"是起，谓其学兴起也。盖《古文尚书》初出，其本与伏生所传颇有异同，而尚无章句训诂，安国因以今文定其章句，通其假借，读而传之，是谓以今文读之。其所谓读，与班孟坚所谓齐人能正《仓颉》读，马季长所谓杜子春始通《周官》读之读，无以异也。然则安国之于《古文尚书》，其事业在读之、起之，至于文字，盖非当世所不复知如王仲任辈所云也。自武、昭以后，先秦古书传世益少，其存者往往归于秘府，于是古文之名渐为壁中书所专有，然秘府古文之书，学者亦类能读之。如刘向以中《古文易经》校施、孟、梁邱经及费氏经，以中《古文尚书》校欧阳、大小夏侯三家经文。又谓《礼古经》与《十七篇》文多相似，多三十九篇。谓《孝经》诸家说不安处，古文字读皆异。刘歆校秘书，见古文《春秋左氏传》，大好之。子政父子皆未闻受古文字学，而均能读其书，是古文讫西京之末，尚非难识如王仲任辈所云也。嗣是讫后汉，如杜伯山、卫敬仲、徐巡、班孟坚、贾景伯、马季长、郑康成之徒，皆亲见壁中书，或其传写之本，然未有苦其难读者，是古文难读之说，起于王仲任辈未见壁中书者。其说至魏晋间而大盛，不知汉人初未尝有是事也。

《汉书》所谓古文说

后汉之初，所谓古文者，专指孔子壁中书，盖自前汉末亦然。《说文叙》记亡新六书，一曰古文，孔子壁中书也。二曰奇字，即古文而异者也。《汉书·艺文志》所录经籍，冠以古文二字若古字者，惟《尚书古文经》四十六卷，为五十七篇。《礼古经》五十六卷，《春秋古经》十二篇，《论语》古二十一篇，《孝经古孔氏》一篇，皆孔子壁中书也。惟《礼古经》有淹中及孔壁二本。然中秘古文之书，固不止此。司马子长作《史记》时所据石室金匮之书，当时未必尽存，固亦不能尽亡。如《六艺略》所录《孔子徒人图法》二卷，未必非太史公所谓《弟子籍》，《数术略》所录《帝王诸侯世谱》二十卷，《古来帝王年谱》五卷，未必非太史公所谓《谍记》及《春秋历谱谍》，而《志》于诸经外书皆不著古今字，盖诸经之冠以古字者，所以别其家数，非徒以其文字也。六艺于书籍中为最尊，而古于六艺中又自为一派，于是古文二字，遂由书体之名而变为学派之名，故《地理志》于古文尚书家说亦单谓之古文。如"右扶风汧县"下云："吴山在西，古文以为汧山。"又"武功"下云："太壹山，古文以为终南。垂山，古文以为敦物。皆在县东。""颍川郡崇高"下云："古文以崇高为外方山。""江夏郡竟陵"下云："章山在东，古文以为内方山。"又"安陆"下云："横尾山在北，古文以为陪尾山。""东海郡不邳"下云："葛绎山，古文以为峄阳。""会稽郡吴县"下云："具区泽在西扬州薮，古文以为震泽。""豫章郡历陵"下云："傅易山，傅易川在南，古文以为敷浅原。""武威郡武威"下云："休屠泽在东北，古文以为猪野泽。""张掖郡居延"下云："居延泽在东北，古文以为流沙。"凡汧山、终南、敦物、外方、内方、陪尾诸名，欧阳、大小夏侯三家经文，用字或异，而名称皆同，而《地理志》独云："古文以为"者，盖古文尚书家如王璜、《儒林传》作"王横"，《沟洫志》作"王横"。桑钦、杜林等说《禹贡》，以右扶风汧县之吴山，为《禹贡》之汧山，以武功之太壹、垂山为《禹贡》之终南、敦物。是《地理志》所谓古文，非以文字言，以学派言也。其以文字言者，则亦谓之古文，或谓之古文字。《郊祀志》言张敞好古文字。又载敞美阳得鼎议曰："臣愚不足以迹古文。"是孔子壁书外之彝器文字亦谓之古文，与许叔重谓鼎彝之铭皆前代之古文同。然后汉以降，凡言古文者，大抵指壁中书，故许叔重言古文者孔壁中书，又云孔氏古文也。

《说文》所谓古文说

　　许叔重《说文解字叙》言古文者凡十，皆指汉时所存先秦文字言之。其一曰："周宣王太史籀著《大篆》十五篇，与古文或异。"此古文，似指仓颉以来迄五帝三王之世改易殊体之文字，即余前所谓殷周古文，以别于战国古文者，实则不然，叔重但见战国古文，未尝多见殷周古文。《叙》云："郡国亦往往于山川得鼎彝；其铭即前代之古文，皆自相似。"潘文勤公《攀古楼彝器款识序》遂谓《说文》中古文，本于经文者，必言其所出，其不引经者，皆凭古器铭识也。吴清卿中丞则谓《说文》中古文皆不似今之古钟鼎，亦不言某为某钟、某为某鼎字，必响拓以前，古器无毡墨传布，许君未能足征。余案：吴说是也。拓墨之法，始于南北朝之拓《石经》，浸假而用以拓《秦刻石》，至拓彝器文字，赵宋以前未之前闻，则郡国所出鼎彝，许君固不能——目验，又无拓本可致，自难据以入书。全书中所有重文古文五百许字，皆出壁中书及张苍所献《春秋左氏传》，其在正字中者亦然。故其所谓籀文与古文或异者，非谓史籀大篆与史籀以前之古文或异，而实谓许君所见《史籀》九篇与其所见壁中书时或不同，以其所见《史籀篇》为周宣王时书，所见壁中古文为殷周古文，乃许君一时之疏失也。其二曰："至孔子书《六经》，左邱明述《春秋》，皆以古文。"此亦似谓殷周古文。然无论壁中所出与张苍所献，未必为孔子及邱明手书，即其文字亦当为战国文字，而非孔子及邱明时之文字。何则？许君此语实根据所见壁中诸经及《春秋左氏传》言之，彼见其与《史籀篇》文字不类，遂以为即殷周古文，不知壁中书与《史籀篇》文字之殊，乃战国时东西二土文字之殊。许君既以壁中书为孔子所书，又以为即用殷周古文，盖两失之。故此二条所云古文，虽似谓殷周古文，实皆据壁中古文以为说。惟《叙》末云："其称《易》孟氏、《书》孔氏、《诗》毛氏、《礼》《周官》《春秋左氏》《论语》《孝经》皆古文也。"此古文二字，乃以学派言之，而不以文字言之，与《汉书·地理志》所用"古文"二字同意，谓说解中所称多用孟、孔、毛、左诸家说，皆古文学家而非今文学家也。《易》孟氏非古文学家，特牵率书之。其余所云古文者六，皆指先秦古文，其尤显明者，曰古文者孔子壁中书也。曰皆不合孔氏古文，又申之曰壁中书者鲁恭王坏孔子宅而得《礼记》《尚书》《春秋》《论语》《孝经》，又北平侯张苍献《春秋左氏传》，其示《说文》中所收古文之渊源，最为明白矣。至其述山川鼎彝，又分别言之曰："其铭即前代之古文，皆自相似。"云"前代古文"者，以别于孔壁之古文；云"皆自相似"者，以明与孔壁古文不甚相似也。汉代鼎彝所出无多，《说文》古文又自成一系，与殷周古文截然有别。其全书中正字及重文中之古文，当无出壁中书及《春秋左氏传》以外者，即有数字不见于今经文，亦当在逸经中，或因古今经字有异同之故。学者苟持此说以读《说文》，则无所凝滞矣。

《说文》今叙篆文合以古籀说

　　许君《说文叙》云："今叙篆文，合以古籀。"段君玉裁注之曰："小篆因古籀而不变者多。其有小篆已改古籀，古籀异于小篆者，则以古籀附小篆之后，曰古文作某，籀文作某。此全书之通例也。其变例则先古籀后小篆。"又于"皆取史籀大篆，或颇省改"下注曰："许所列小篆固皆古文大篆，其不云古文作者某、籀文作某者，古籀同于小篆也。"其既出小篆，又云古文作某、籀文作某者，则所谓或颇省改者也。"此数语可谓千古卓识，二千年来治《说文》者，未有能言之明白晓畅如是者也。虽然，段君所举二例，犹未足以尽《说文》。何则？如段君之说，必古籀所有之字篆文皆有而后可，然篆文者，乃秦并天下后所制定之文字，秦之政治文化皆自用而不徇人，主今而不师古。其易籀为篆，不独有所省改，抑且有所存废。凡三代之制度名物，其字仅见于《六艺》而秦时已废者，李斯辈作字书时必所不取也。今《仓颉》三篇虽亡，然足以窥其文字及体例者，犹有《急就篇》在。《急就》一篇，其文字皆《仓颉》中正字，其体例先名姓字，次诸物，次五官，皆日用必需之字，而《六艺》中字十不得四五，故古籀中字篆文固不能尽有。且《仓颉》三篇五十五章，章六十字，凡三千三百字，且尚有复字，加以扬雄《训纂》，亦只五千三百四十字，而《说文》正字多至九千三百五十三。此四千余字者，许君何自得之乎？曰：此必有出于古文籀文者矣。故《说文》通例，如段君说，凡古籀与篆异者，则出古文籀文，至古籀与篆同，或篆文有而古籀无者，则不复识别。若夫古籀所有而篆文所无，则既不能附之于篆文后，又不能置而不录，且《说文》又无于每字下各注此古文、此籀文、此篆文之例，则此种文字必为本书中之正字，审矣。故《叙》所云"今叙篆文，合以古籀"者，当以正字言，而非以重文言。重文中之古籀，乃古籀之异于篆文及其自相异者；正字中之古籀，则有古籀、篆文俱有此字者，亦有篆文所无而古籀独有者。

全书中引经以说之字，大半当属此第二类矣。然则《说文解字》实合古文、籀文、篆文而为一书。凡正字中，其引《诗》《书》《礼》《春秋》以说解者，可知其为古文，其引史篇者，可知其为籀文，引杜林、司马相如、场雄说者，当出《仓颉》《凡将》《训纂》诸篇，可知其为篆文。虽《说文》诸字中有此标识者十不逮一，然可得其大略。昔人或以《说文》正字皆篆文，而古文、籀文惟见于重文中者，殆不然矣。

汉时古文本诸经传考

一、《周易》

一、中古文本　《汉书·艺文志》："刘向以中《古文易经》校施、孟、梁邱经，或脱去'无咎''悔亡'。惟费氏经与古文同。"案：《七略》但云《易经》十二篇，施、孟、梁邱三家，而古文经与费、高二家经均未著录。然刘子政用以校四家经，则汉中秘有《古文易》，审矣。《易》为卜筮之书，秦时未焚，其有古文本，亦固其所。

二、费氏本　《后汉书·儒林传》："东莱费直传《易》。授琅邪王横，为费氏学。本以古字，号《古文易》。"然《汉书》无此语，或后人因刘向校费氏经与古文经同，遂附会为是说与？

二、《尚书》

一、伏氏本　《史记·儒林传》："秦时焚书，伏生壁藏之。其后兵大起，流亡。汉定，伏生求其书，亡数十篇，独得二十九篇，即以教于齐鲁之间。"是伏生所藏为秦未焚书以前写本，当是古文，其传授弟子则转写为今文。壁藏之本，当时已视为筌蹄，不复珍惜。当欧阳、大小夏侯之世，盖已不复有原本矣。

二、孔壁本　《汉书·艺文志》："《尚书古文经》四十六卷，为五十七篇。"又云："《古文尚书》出孔子壁中。孔安国者，孔子后也。愁得其书，以考二十九篇，得多十六篇。安国献之。遭巫蛊事，未立于学官。刘向以中古文校欧阳、大小夏侯三家经文，《酒诰》脱简一，《召诰》脱简二，率简二十五字者，脱亦二十五字；简二十二字者，脱亦二十二字。文字异者七百有余，脱字数十。"建武之际，亡《武成》一篇。其余篇，迄后汉末尚在秘府。

三、河间本　《汉书·景十三王传》："河间献王所得书，皆古文先秦旧书，《周官》《尚书》《礼》《礼记》《孟子》《老子》之属。"

三、《毛诗》

《汉书·艺文志》："《毛诗》二十九卷"，不言其为古文。《河间献王传》列举其所得古文旧书，亦无《毛诗》。至后汉始以《毛诗》与《古文尚书》《春秋左氏传》并称。其所以并称者，当以三者同为未列学官之学，非以其同为古文也。惟卢子幹言古文科斗近于为实，而下列举《毛诗》《左传》《周礼》三目，盖因《周礼》《左传》而牵连及之。其实《毛诗》当小毛公贯长卿之时，已不复有古文本矣。

四、《礼经》

一、淹中本　《汉书·艺文志》："《礼古经》五十六卷。"又云："《礼古经》者，出于鲁淹中及孔氏，学七十篇文相似，多三十九篇。"刘氏敞曰："学七十篇，当作与十七篇，文相似。五十六卷，除十七，正多三十九也。"

二、孔壁本　《汉书·艺文志》："鲁恭王坏孔子宅，欲以广其宫，而得古文《尚书》及《礼记》《论语》《孝经》凡数十篇，皆古字也。"又云："《礼古经》者，出于鲁淹中及孔氏。"《说文叙》："鲁恭王坏孔子宅而得《礼记》《尚书》《春秋》《论语》《孝经》。"是孔壁中亦有《礼经》，或谓之《礼记》者，礼谓本经，记谓附经之记也。今十七篇之记，郑注亦多云古文某为某，或云今文某为某。是古文本兼有经、记，与今本同。而记之附经，自先秦已然矣。又《艺文志》所纪孔壁诸经，都篇数与其分篇数不合。既云孔壁古文凡数十篇，然其分篇数则《尚书》五十七篇，《春秋》十二篇，《论语》二十一篇，《孝经》一篇，已九十一篇，若加《礼经》五十六篇，当得百四十余篇，盖数十篇上夺一"百"字"。或孔壁所得《礼古经》不过数篇，不及淹中之多与？

三、河间本　《汉书·景十三王传》："河间献王所得书，皆古文先秦旧书，《周官》《尚书》《礼》《礼记》《孟子》《老子》之属。"

五、《礼记》

《汉书·景十三王传》："河间献王所得书，皆古文先秦旧书，《周官》《尚书》《礼》《礼记》《孟子》《老子》之属。"案：《汉志》及《说文叙》皆云孔壁中有《礼记》，乃谓《礼古经》五十六卷。此既言《礼》，复言《礼记》。《礼》，盖谓《礼经》；《礼记》，盖谓《汉志》礼家《记百三十篇》之属。《隋书·经籍志》云："刘向考校经籍，得《记》百三十篇，《明堂阴阳记》三十三篇，《孔子三朝记》七篇，《王氏史》二十一篇，

《乐记》二十三篇，凡五种，合二百十四篇。"《经典释文叙录》引刘向《别录》云《古文记》二百十四篇，数正相合。则献王所得《礼记》，盖即《别录》之《古文记》。是《大、小戴记》本出古文。《史记》以《五帝德》《帝系姓》《孔氏弟子籍》为古文，亦其一证也。但其本不出孔氏而出于河间，后经大、小戴二氏而为今文家之学，后世遂鲜有知其本为古文者矣。

六、《周官》

《景十三王传》举河间献王所得古文旧书有《周官》，而《汉志》著录《周官经》六篇不冠以古文者，凡《汉志》言古文，皆以与今学相别。言《尚书古文经》者，以别于欧阳、大小夏侯三家之二十九卷若三十二卷；言《礼古经》者，以别于后氏之十七篇；言《春秋古经》者，以别于公、穀二家之十一卷；言《论语》古者，以别于齐、鲁二家，言《孝经古孔氏》者，以别于长孙氏、江氏、后氏、翼氏四家。《周官经》无今学，自毋庸冠以古文二字。然其原本之为古文，审矣。后汉以降，诸儒所见，大抵传写隶定之本。郑注《礼经》云古文某为某。其注《周官》则但云故书某为某。此一因《礼经》有今古文二本，而《周官》无今文，故不得称古文。一则因所见《周官》旧本已非古文，故变而称故书也。

七、《春秋经》

《汉书·艺文志》："《春秋古经》十二篇。"不言其所从得之处。《说文序》则系之孔子壁中书。《周礼·小宗伯》注："郑司农云：立读为位。古者立、位同字，《古文春秋经》'公即位'为'公即立'。"是其本至后汉尚存矣。

八、《春秋左氏传》

《论衡·案书篇》："《春秋左氏传》者，盖出孔子壁中。孝武皇帝时，鲁共王坏孔子教授堂以为宫，得佚《春秋》三十篇，《左氏传》也。"然《说文序》则云"北平侯张苍献《春秋左氏传》"，而叙孔壁中书，但有《春秋经》，无《左氏传》。《汉志》亦然。疑王仲任所云出孔壁中者，涉《春秋经》而误也。《汉志》所著录者即古文本，《刘歆传》："歆校秘书，见《古文春秋左氏传》，太好之。"是也。服虔注《襄二十五年传》云："古文篆书一简八字。"盖子慎之时，其原本或传写古文之本，犹有存焉者矣。

九、《论语》

《汉书·艺文志》："《论语》古二十一篇。出孔氏壁中，两《子张》。"其本亦至后汉尚存，故《说文解字》中颇引其字。

十、《孝经》

《汉书·艺文志》："《孝经古孔氏》一篇。二十二章。"又云："《孝经》诸家说不安处，古文字读皆异。"许冲《上说文解字表》云："《古文孝经》者，昭帝时鲁国三老所献，建武时给事中议郎卫宏所校。"是其本亦至后汉尚存。

以上十种，十有五本，其存于后汉者，惟孔子壁中书及《左氏传》。故后汉以后，古文之名遂为壁中书所专有矣。

科斗文字说

科斗文字之名，先汉无有也，惟汉末卢植上书，有"古文科斗近于为实"之语。而其下所言，乃《毛诗》《左传》《周官》，不及壁中书。郑康成《书赞》云："书初出屋壁，皆周时象形文字，今所谓科斗书。"始以《古文尚书》为科斗书，然卢、郑以前未尝有此名也。卫恒《四体书势》始云："鲁恭王坏孔子宅，得《尚书》《春秋》《论语》《孝经》，时人已不复知有古文，谓之科斗书，汉世秘藏，希得见之。"伪孔安国《尚书序》亦云："鲁共王坏孔子旧宅，于其壁中得先人所藏古文虞夏商周之书，皆科斗文字。"始以科斗之名为先汉所已有，然实则此语盛行于魏晋以后。杜预《春秋经传集解后序》云："汲郡汲县有发其界内旧冢者，大得古书，皆简编科斗文字。"王隐《晋书·束皙传》亦云："太康元年，汲郡民盗发魏安釐王冢，得竹书柒字科斗之文。科斗文者，周时古文也，其头粗尾细，似科斗之虫，故俗名之焉。"春秋正义引。今《晋书·束皙传》亦云："汲冢书皆科斗书。"是科斗书之名起于后汉，而大行于魏晋以后。且不独古文谓之科斗书，且篆书亦蒙此名。《束皙传》又云："有人于嵩高山下得竹简一枚，上两行科斗书。司空张华以问皙，皙曰：'此汉明帝显节陵中策文也。'检验，果然。"夫汉代册文皆用篆，不用古文，见《独断》及《通典》。而谓之科斗书，则魏晋间凡异于通行隶书者皆谓之科斗书，其意义又一变矣。又汉末所以始名古文为科斗文字者，果目验古文体势而名之乎，抑当时传古文者所书或如是乎？是不可知。然《魏三体石经》中古文，卫恒所谓因科斗之名遂效其形者，今残石存字皆丰中锐末，与科斗之头粗尾细者略近，而恒谓转失淳法，则邯郸淳所传之古文，体势不如是矣。邯郸淳所传古文不如是，则淳所祖之孔壁古文体势亦必不如是矣。卫恒谓汲县人盗发魏襄王冢得策书十余万言，案敬侯所书，犹有仿佛敬侯者，恒之祖卫觊，其书法出于邯郸淳，则汲冢书体亦当与邯郸淳所传古文书法同，必不作科斗形矣。然则魏晋之间所谓科斗文，犹汉人所谓古文，若泥具名以求之，斯失之矣。

汉魏博士考

博士一官，盖置于六国之末，而秦因之。

《汉书·百官公卿表·序》："博士，秦官。"

《宋书·百官志》："博士，班固云秦官。史臣案，六国时往往有博士。"案：班、沈二说不同。考《史记·循吏传》，"公仪休，鲁博士也"。褚先生补《龟策传》，"宋有博士卫平"。《汉书·贾山传》，"祖祛，故魏王时博士弟子也"。沈约所谓六国时往往有博士者指此。公仪休即《孟子》之公仪子，缪公时为鲁相，时在战国之初。卫平在宋元王时，亦与孟子同时。疑当时未必置博士一官，《史记》所云博士者，犹言儒生云尔。惟贾祛为魏王博士弟子，则六国末确有此官，且教授弟子，与秦汉博士同矣。至秦之博士，则有定员，《史记·秦始皇本纪》："始皇置酒咸阳宫，博士七十人前为寿。"又："侯生、卢生相与谋：'博士虽七十人，特备员不用。'"是秦博士员多至七十人。其姓名可考者，博士仆射有周青臣，《汉书·百官公卿表："仆射，秦官，自侍中、尚书、博士、郎皆有。"《始皇本纪》上言"博士七十人前为寿"，下言"仆射周青臣进颂"，是青臣实博士仆射也。博士有淳于越，齐人，《史记·秦始皇本纪》。有伏生，济南人，《史记·儒林传》。有叔孙通，薛人，《史记》本传。有羊子，《汉书·艺文志·儒家》，《羊子》四篇，自注："百章，故秦博士。"有黄疵，同《法家》，《黄公》四篇，自注："名疵，为秦博士。"有正先，《汉书·京房传》："昔秦时，赵高用事，有正先者，非刺高而死……"孟康曰："姓正名先，秦博士也。"有鲍白令之，《说苑·至公篇》。仅七人。其中盖不尽经术之士，如黄公之书，《七略》列于法家。而《秦始皇本纪》云："使博士为仙真人诗。"又有占梦博士。殆诸子、诗赋、术数、方伎皆立博士，非徒六艺而已。又，《始皇本纪》有诸生，《叔孙通传》则连言博士诸生。是秦博士亦置弟子。又始皇二十六年议帝号，丞相绾等奏："臣等谨与博士议云云"，是秦博士亦议典礼政事，与汉制同矣。

汉兴，因秦制，员至数十人。

《汉书·百官公卿表·序》："博士，秦官，掌通古今，员多至数十人"

《汉官仪》：《大唐六典》卷二十二国子博士注引。"文帝博士七十余人。"

案：此汉初之制，未置五经博士前事也。员数与秦略同，亦不尽用通经之士。如高帝二年即以叔孙通为博士，通非专经之士也。又文帝时，齐人公孙臣上书，陈《终始五德传》，文帝台以为博士。臣变非专经之士也。盖犹袭秦时诸子百家各立博士之制。

文帝始置一经博士。

《后汉书·翟酺传》："孝文皇帝始置一经博士。"

案：《汉书·武帝纪》及《百官公卿表》皆云，武帝始置五经博士。翟酺乃言孝文皇帝始置一经博士者，盖为经置博士，始于文帝；而限以五经，则自武帝建元五年始也。考文、景时博士，如张生，如晁错，乃《书》博士；如申公，如辕固，如韩婴，皆《诗》博士；如胡母生，如董仲舒，乃《春秋》博士。是专经博士，文、景时已有之，但未备五经，而复有传记博士，故班固言置五经博士自武帝始也。

并立传记

《汉书·刘歆传》，"至孝文皇帝，始使掌故晁错从伏生受《尚书》《诗》。始萌牙，天下众书往往颇出，皆诸子传记，犹广立于学官，为置博士。"

赵岐《孟子题辞》："孝文皇帝欲广游学之路，《论语》《孝经》《孟子》《尔雅》皆置博士。"

武帝始罢黜百家，专立五经，而博士之员大减。

《汉书·武帝纪》："建元五年春，置五经博士。"《百官公卿表·序》同。

赵岐《孟子题辞》："后罢传记博士，独立五经而已。"

案：文、景时已有《诗》《书》《春秋》博士，则武帝所新置者，《易》与《礼》而已。《易》之有博士，始于田王孙，在武帝时。《礼》之时博士，可考者始于后苍，在昭、宣二帝之世。而苍又兼传《齐诗》，不知为《齐诗》博士与《礼》博士与？疑武帝时，《礼》博士或阙而未补，或以他经博士兼之，未能详也。

又案传记博士之罢，钱氏大昕以为即在置五经博士时，其说盖信。然

王国维

159

《论语》《孝经》《孟子》《尔雅》虽同时并罢，其罢之之意则不同。《孟子》，以其为诸子而罢之也。至《论语》《孝经》，则以受经与不受经者皆诵习之，不宜限于博士而罢之者也。刘向父子作《七略》，六艺一百三家，于《易》《书》《诗》《礼》《乐》《春秋》之后，附以《论语》《孝经》《尔雅》。小学三目。六艺与此三者，皆汉时学校诵习之书。以后世之制明之，小学诸书者者，汉小学之科目，《论语》《孝经》者，汉中学之科目，而六艺则大学之科目也。武帝罢传记博士，专立五经，乃除中学科目于大学之中，非遂废中小学也。汉时教初学之所，名曰书馆，其师名曰书师，其书用《仓颉》《凡将》《急就》《元尚》诸篇，其旨在使学童识字习字。《论衡·自纪》篇："充八岁出于书馆，书馆小僮百人以上皆以过失袒谪，或以书丑得鞭。充书日进，又无过失。"《后汉书·皇后纪》："邓皇后六岁能史书，十二通《诗》《论语》。""梁皇后少善女工，好史书，九岁能诵《论语》。"是汉人就学，首学书法，其业成者得试为吏，此一级也。其进则授《尔雅》《孝经》《论语》。有以一师专授者，亦有由经师兼授者。《汉书·平帝纪》：元始三年立学官，"郡国曰学，县道邑侯国曰校。校、学置经师一人。乡曰庠，聚曰序，序、庠置《孝经》师一人。"《魏志·邴原传》注引《原别传》："邻有书舍，原遂就书，一冬之间，诵《孝经》《论语》。"此由一师专授者也。《平帝纪》："元始四年，征天下以一经、《论语》《孝经》《尔雅》教授者。"此由经师兼授者也。且汉时但有受《论语》《孝经》，小学而不受一经者，无受一经而不先受《论语》《孝经》者。《汉书·昭帝纪》："诏曰：'朕通《保傅传》《孝经》《论语》《尚书》，未云有明。'"《宣帝纪》："霍光议奏曰：'孝武皇帝曾孙病已，有诏掖庭养视，师受《诗》《论语》《孝经》。'"《景十三王传》："广川王去，师受《易》《论语》《孝经》，皆通。"《疏广传》："皇太子年十二岁，通《论语》《孝经》。"《后汉书·范升传》："九岁通《论语》《孝经》。及长，受《梁邱易》，皆通。"《论语》《孝经》。亦有但云《论语》者。"《汉书·王尊传》："受《尚书》《论语》。"《后汉书·邓皇后纪》："十二通《诗》《论语》。"《梁皇后纪》："九岁能诵《论语》，治《韩诗》。"《马严传》："子续七岁能通《论语》，十三明《尚书》。"《荀爽传》："年十二通《春秋》《论语》。"《论衡·自纪篇》："充手书既成，辞师，受《论语》《尚书》。"此数事，或举《论语》以该《孝经》，或但受《论语》而不及

《孝经》，均不可考。要之无不受《论语》者。汉人受书次第，首小学，次《孝经》《论语》，次一经，此事甚明。诸书或倒言之，乃以书之尊卑为次，不以受书之先后为次。受书时由卑及尊乃其所也。《汉官仪》所载博士举状，于五经外必兼《孝经》《论语》，故汉人传《论语》《孝经》者，皆他经大师，无以此二书专门名家者。如传《齐论》者，有王吉父子、宋畸、贡禹、五鹿充宗、胶东庸生，中惟宋畸无考。王吉则传《韩诗》，王骏及五鹿充宗传《梁邱易》，贡禹传《公羊春秋》，庸生传《古文尚书》。传《鲁论》者有龚奋、夏侯胜、韦贤、鲁扶卿、萧望之、张禹、朱云。奋与扶卿无考，夏侯胜则传《尚书》，韦贤传《鲁诗》，萧望之传《齐诗》，张禹传《施氏易》，朱云传《孟氏易》。传《孝经》者有长孙氏、江翁、后苍、翼奉、张禹。长孙氏无考，江翁则传《鲁诗》与《穀梁春秋》，后苍、翼奉传《齐诗》，苍又传《礼》。盖经师授经，亦兼授《孝经》《论语》，犹今日大学之或有豫备科矣。然则汉时《论语》《孝经》之传，实广于五经，不以博之废置为盛衰也。

宣帝之末，增员至十二人。

《汉书·宣帝纪》："甘露三年，立《梁邱易》、大小夏侯《尚书》、《穀梁春秋》博士。"

又《百官公卿表序》："博士，宣帝黄龙元年，增员至十二人。"

又《艺文志》："《易》讫于宣、元，有施、孟、梁邱、京氏立于学官。《书》讫孝宣，有欧阳、大小夏侯氏立于学官。《诗》鲁、齐、韩三家皆立于学官。《礼》讫孝宣世，后仓最明，戴德、戴圣、庆普皆其弟子，三家皆立于学官。《春秋》四家之中公羊、穀梁立于学官。"

又《刘歆传》："往者博士，《书》有欧阳，《春秋》公羊，《易》则施、孟，然孝宣皇帝犹复广立《穀梁春秋》、《梁邱易》、大小夏侯《尚书》。"

又《儒林传赞》："初，《书》惟有欧阳、《礼》后，《易》杨、《春秋》公羊而已，至孝宣世，复立大小夏侯《尚书》，大小戴《礼》，施、孟、梁邱《易》，穀梁《春秋》。"《后汉书·章帝纪》："建初四年十一月壬戌，诏曰：'汉承秦后，褒显儒术，建立五经，为置博士。'孝宣皇帝以去圣久远，学不厌博，故遂立大小夏侯《尚收》。"

案：宣帝增置博士事，纪、表、志、传所纪互异。《纪》系于甘露三

年，《表》系于黄龙元年，一不同也；《纪》与《刘歆传》均言立《梁邱易》、大小夏侯《尚书》、《穀梁春秋》，而《儒林传赞》复数大小戴《礼》，《艺文志》复数庆氏《礼》，二不同也；又博士员数，《表》与《传》亦不同，据《刘歆传》则合新旧仅得八人，如《儒林传赞》则合新旧得十二人，似与《表》合矣。然二传皆不数《诗》博士。案申公、韩婴均于孝文时为博士，辕固于孝景时为博士，则文景之世，鲁、齐、韩三家《诗》已立博士，特孝宣时于《诗》无所增置，故刘歆略之。《儒林传赞》综计宣帝以前立博士之，而独遗《诗》鲁、齐、韩三家，则疏漏甚矣。又宣帝于《礼》博士亦无所增置，《儒林传赞》乃谓宣帝立大小戴《礼》，不知戴圣虽于宣帝时为博士，实为后氏《礼》博士，尚未自名其家，与大戴分立也。《艺文志》谓"庆氏亦立学官"者，误与此同。今参伍考之，则宣帝末所有博士，《易》则施、孟、梁邱，《书》则欧阳、大小夏侯，《诗》则齐、鲁、韩，《礼》则后氏，《春秋》公羊、穀梁，适得十二人。《儒林传赞》遗《诗》三家，因刘歆之言而误。《赞》又数大小戴《礼》，《艺文志》并数庆氏《礼》，则又因后汉所立而误也，又宣帝增置博士之年，《纪》《表》虽不同，然皆以为在论石渠之后。然《儒林传》言"欧阳高、孙地余为博士，论石渠。"又"林尊事欧阳高为博士，论石渠"。"张山拊事小夏侯建为博士，论石渠"。则论石渠时似欧阳有二博士；小夏侯亦已有博士，与《纪》《传》均不合。盖所纪历官时代有错误也。又《易》施、孟二博士亦宣帝所立，但在甘露、黄龙前。则《儒林传赞》所言是也。

元帝复立京氏《易》博士，未几而废。

《汉书·儒林传赞》："至元帝世，复立京氏《易》。"

《后汉书·范升传》："先帝前世有疑于此，故京氏虽立，辄复见废。"

平帝复立《古文尚书》《毛诗》《逸礼》《乐经》《左氏春秋》，增员至三十人。

《汉书·儒林传赞》："平帝时又立《左氏春秋》《毛诗》《逸礼》《古文尚书》。"

又《王莽传》："元始四年立《乐经》，益博士员，经各五人。"

又《艺文志》："《周官》经六篇，王莽刘歆置博士。"

《三辅黄图》："六经，三十博士。"

案：平帝时增五经为六经，博士，经各五人，则六经，三十人。然综计当时所立之学不及三十家，盖一家博士不止一员也。

后汉初，博士共十四人。

《续汉书·百官志》："博士十四人。"本注曰："《易》四，施、孟、梁邱、京氏。《尚书》三，欧阳、大小夏侯氏。《诗》三，鲁、齐、韩氏。《礼》二，大小戴氏"。《春秋》二，公羊，严、颜氏。

《后汉书·儒林传序》："光武中兴，爱好儒术，立五经博士，各以家法教授。《易》有施、孟、梁邱、京氏，《尚书》欧阳、大小夏侯，《诗》齐、鲁、韩、毛，此字衍。《礼》大小戴，《春秋》严、颜，凡十四博士。

案：后汉初曾置庆氏《礼》，当时为《礼》博士者，如曹充，如曹褒，如董钧，皆传庆氏《礼》者也。传于戴《礼》而为博士者，史反无闻。疑当时有庆、大小戴三氏，故班氏《艺文志》谓"《礼》三家皆立于学官"，盖误以后汉之制本于前汉也。后庆氏学微，博士亦中废。至后汉末，《礼》博士只有大小戴二家，故司马彪、范晔均遗之耳。

后立《春秋》左氏、榖梁博士，未几而罢。

《后汉书·陈元传》："时议欲立《左氏传》博士，范升与元相辨难，凡十余上，帝卒立左氏学。太常选博士四人，元为第一，帝以元新忿争，乃用其次司隶从事李封。于是诸儒以左氏之立，议论讙哗，自公卿以下数廷争之。会封病卒，左氏复废。"

又《贾逵传》："至光武皇帝奋独见之明，与立左氏、榖梁，会二家先师不晓图谶，故令中道而废。"

自是讫后汉之末，无所增损。至魏立《榖梁春秋》《礼记》，而古文家经如《费易》、古文《尚书》《毛诗》《周礼》《左氏春秋》，遂并立于学官，博士亦增于汉矣。

《魏志·文帝纪》："黄初五年立太学，制五经课试之法，置《春秋榖梁》博士。"

又《高贵乡公纪》："甘露元年夏四月丙辰，帝幸太学云云。"

又《王肃传》："肃为《尚书》《诗》《论语》、三礼、《左氏》解，及撰定父朗所作《易传》，皆列于学官。"

《魏略·儒宗传》："乐详，黄初中征拜博士。于时太学初立，有博士十余人。"

《宋书·百官志》："博士,魏及晋西朝置十九人,江左初减为九人,皆不知掌何经。"

案汉世所立十四博士,皆今文学也。古文诸经,终汉之世未得立于学官,惟后汉中叶后,博士之选不如先汉之严,故周防以治《古文尚书》为博士,卢植本事马融,兼通今古学,亦为博士。又中平五年所征博士十四人,若荀爽,若郑元,若陈纪,亦古文学家。爽等三人虽征而不至,若周防、卢植,固尝任职矣,而当时实未立古文学。此三人者,盖以古文学家为今文学博士,犹孔安国虽传《古文尚书》而实为《今文尚书》博士。胡常、翟方进虽兼传《左氏》而实为《穀梁》博士也。古文学之立于学官,盖在黄初之际。自董卓之乱,京洛为墟,献帝托命曹氏,未遑庠序之事,博士失其官守垂三十年,今文学日微而民间古文之学乃日兴月盛。逮魏初复立太学博士,已无复昔人,其所以传授课试者,亦绝非曩时之学。盖不必有废置明文,而汉家四百年学官,今文之统已为古文家取而代之矣。试取魏时诸博士考之。邯郸淳传《古文尚书》者也;乐详、周生烈传《左氏春秋》者也;宋均、田琼皆亲受业于郑元,张融、马照亦私淑郑氏者也;苏林、张揖通古今字指,则亦古文学家也。余如高堂隆上书述《古文尚书》《周官》《左氏春秋》,赵怡、淳于峻、庾峻等亦称述郑学。其可考者如此,则无考者可知。又以高贵乡公幸太学问答考之。所问之《易》则郑注也,所讲之《书》则贾逵、马融、郑元、王肃之注也,所问之《礼》则《小戴记》,盖亦郑元、王肃注也。《王肃传》明言其所注诸经皆列于学官,则郑注五经亦列于学官可知。然则魏时所立诸经,已非汉代之今文学,而为贾、马、郑、王之古文学矣。《晋书·荀崧传》:崧上疏言晋初"太学有石经古文先儒典训。贾、马、郑、杜、服、孔、王、何、颜、尹之徒,章句传注众家之学,置博士十九人"。《宋书·礼志》文同。《宋书·百官志》以为魏博士员数亦与之同。其说虽未可尽信,然大略不甚相远。今以荀崧所举家数,与沈约所纪魏博士员数差次之。魏时除《左传》杜注未成、《尚书》孔传未出外。荀崧言晋初传注有孔氏,盖谓孔安国书传。晋初已立孔传与否虽不可考,然魏时确未立孔传。何以证之,孔传释《尧典》"曰若稽古"为"顺考古道"与贾、马、王肃同,而庾峻对高贵乡公,仅言贾,马及肃皆以为二顺考古道"不及孔安国,是魏时未立《尚书》孔传之证也。《易》有郑氏、王氏,《书》有贾、马、郑、王氏,《诗》及三礼郑氏、王氏,《春秋左传》服氏、王氏、

《公羊》颜氏、何氏，《穀梁》尹氏，适得十九家，与博士十九人之数相当。沈约之说，虽他无所证，盖略近之矣。此十九博士中，惟《礼记》、公、穀三家为今学，余皆古学，于是西京施、孟、梁邱、京氏之《易》，欧阳、大小夏侯之《书》，齐、鲁、韩之《诗》，庆氏、大戴之《礼》，严氏之《春秋》，皆废于此数十年之间，不待永嘉之乱而其亡可决矣。学术变迁之在上者，莫剧于三国之际，而自来无能质言之者，此可异也。

蜀汉与吴亦置博士，虽员数无考，而风尚略同。

《蜀志·许慈传》："慈事刘熙，善郑氏学，治《易》《尚书》、三礼、《毛诗》《论语》。先生定蜀，承丧乱历纪，学业衰废，乃鸠合典籍，沙汰众学，慈为博士。"

又《尹默传》："益部多贵今文而不崇章句，默知其不博，乃远游荆州，就司马德操、宋仲子等受古学，皆通诸经史，又专精于《左氏春秋》。自刘歆条例郑众、贾逵父子、陈元方、服虔注说，咸略诵，述不复案本。子宗传其业，为博士。"

《晋书·儒林传》："文立，蜀时游太学，专《毛诗》、三礼。"《华阳国志》同。

《虞翻别传》：《吴志·虞翻传》注引。"翻奏郑元解《尚书》违失事曰：'宜命学官，定此三事。'又曰：'又元所注五经，违义尤甚者百六十七事，不可不正，行乎学校传乎将来，臣窃耻之。'"

案蜀、吴学校均行古学，蜀这博士皆古学家，既有征矣。吴虞翻所上奏在孙权世，时尚未立五经博士，孙休永安元年始立五经博士。而翻言郑注行乎学校，盖指民间教授言之。后立博士，韦昭实为祭酒，韦亦古学家也。然则蜀、吴所立博士，当与魏略同，盖可识矣。

博士自六国秦时已有弟子，汉兴仍之。

《汉书·贾山传》："祖祛，故魏王时博士弟子也。"

《史记·叔孙通传》："陈胜起，二世台博士诸儒生问曰：'于公何如？'博士诸生三十余人对曰云云。"

《汉书·循吏传》："文翁，景帝末为蜀郡守，选郡县小吏开敏有材者张叔等十余人，遣诣京师，受业博士。"

武帝特为博士置弟子五十人，

《汉书·武帝纪》："元朔五年夏六月，诏曰：'盖闻导民以礼，风之以

乐，今礼坏乐崩，朕甚闵焉。故详延天下方闻之士，咸荐诸朝。其令礼官劝学，讲议洽闻，举遗兴礼，以为天下先。太常其议予博士弟子，崇乡党之化，以厉贤材焉。'丞相弘请为博士置弟子员，学者益广。"

又《儒林传》："丞相御史言：'请为博士官置弟子五十人，复其身。太常择民年十八以上，仪状端正者补博士弟子。郡国县官有好文学，敬长上，肃政教，顺乡里，出人不悖所闻。令相长丞上所属二千石，二千石谨察可者，常与计偕；诸太常，得受业如弟子。'"

其后大增员数。

《汉书·儒林传》："昭帝时增弟子员满百人，宣帝时增倍之。元帝好儒，能通一经者，皆复数年。以用度不足，更为设员千人。成帝末。或言孔子布衣，养徒三千人，今天子太学弟子少，于是增弟子员三千人。岁余复如故。平帝时，王莽秉政。增元士之子，得受业如弟子，勿以为员。"

《后汉书·党锢传》："太学诸生三万余人。"

又《儒林传》："本初元年，梁太后诏曰：'大将军下及六百石，悉遣子就学。'自是游学增盛，至三万余生。"

《魏略·儒宗传序》：《魏志·王肃传》注引。"黄初元年之后，新主乃复始扫除太学之灰炭，补旧石经之缺坏，备博士之员录，依汉甲乙以考课。申告州郡，有欲学者，皆遣诣太学。太学始开。有弟子数百人。至太和青龙中，中外多事，人怀避就，虽性非解学，多求请太学，太学诸生有千数。"

博士之于弟子，职在教授及课试。

《汉书·儒林传》："博士弟子，一岁皆辄课。能通一艺以上，补文学掌故缺，高可以为郎中。太常籍奏，即有秀才异等，辄以名闻，若下材不能通一艺，辄罢之，而请诸能称者。"

又："岁课甲科四十人为郎中，乙科二十人为太子舍人，丙科四十人补文学掌故云。"

《后汉书·徐防传》："永元十四年，防上疏曰：'伏见太学试博士弟子皆以意说，不修家法，私相容隐，开生奸路。每有策试，辄兴诤讼，议论纷错，互相是非。臣以为博士及甲乙策试，宜从其家章句，开五十难以试之，解释多者为上第，引文明者为高说。若不依先师，义有所伐，皆正以为非。五经各取上第六人，《论语》不宜射策，虽所失或久，差可矫革。'

诏书下公卿。皆从防言。"

又，《顺帝纪》："阳嘉元年秋七月丙辰，以太学新成，试明经下第者补弟子，增甲乙科员各十人。"

又，《质帝纪》："本初元年夏四月，令郡国举明经年五十以上七十以下，诣太学，自大将军至六百石，皆遣子受业，岁满课试，以高第五人补郎中，次五人太子舍人。"

《通典》：十三。"桓帝建和初，诏诸学生年十六比郡国明经试，次第上名，高第五十人，上第十六人为郎中，中第十七人为太子舍人，下第十七人为王家郎。"

同上："永寿二年，诏复课试诸生，补郎、舍人。"

《后汉书·宦者传》："诸博士试甲乙科，争第高下，更相告讼，亦有私行金货，定兰台漆书经字，以合其私文。"

《魏志·文帝纪》："黄初五年夏四月，立太学，制五经课试之法。"

《通典》：五十三。"魏文帝黄初五年，立太学于洛阳。时慕者始请太学为门人。满二岁，试通一经者称弟子，不通一经者罢遣；弟子满二岁试通二经者补文学掌故，不通二经者听须后辈试，试通二经亦得补掌故；掌故满二岁，试通三经者擢高第，为太子舍人，不第者随后辈试，试通亦为太子舍人；舍人满二岁，试通四经者擢其高第，为郎中，不通者随后辈复试，试通亦为郎中；郎中满二岁，能通五经者擢高第，随才叙用，不通者随后辈复试，试通亦叙用。"

案：此即《魏志·文帝纪》所谓五经课试之法也。《通典》卷十三《选举门》系此事于桓帝永寿二年之后，而《吉礼门》则以为魏黄初五年事。又，《北堂书钞》六十七并《太平御览》五百三十四杂引此中文句，谓出挚虞《决疑要注》，亦以为魏时事，且与汉制不类，疑《吉礼门》所纪是也。

《魏略·儒宗传序》："黄初中，备博士之员录，依汉甲乙以考课，告州郡有欲学者，皆遣诣太学。太学始开，有弟子数百人。至太和青龙中，中外多事，人怀避就，虽性不解学，皆求请太学。太学诸生有千数。本亦避役，竟无能竟学，冬来春去，岁岁如是。又虽有精者，而台阁举格太高，加不念统其大义，而问字指、墨法、点注之间，百人同试，度者未十。"

《魏志·明帝纪》："太和四年春二月壬午诏曰：'其郎吏明经才任牧民，博士课试擢其高第者亟用，其浮华不务道本者皆罢去之。'"

后汉中叶以后，课试之法密而教授之事轻。

《后汉书·儒林传》："自安帝览政，薄于艺文，博士倚席不讲，朋徒相视怠散。"

《通典》：五十三。"建安中，侍中鲍衡奏：'今学，博士并设，表章而无所教授。'"

《魏略·儒宗传》："乐详，黄初中征拜博士。于时太学初立，有博士十余人，学多偏狭，又不熟悉，略不亲教，备员而已。"

又，《儒宗传序》：《魏志·王肃传》注引。"太和青龙中，诸博士率皆粗疏，无以教弟子，弟子本亦避役，竟无能习学。"

又，汉博士皆专经教授，魏则兼授五经。

《魏略·儒宗传》："乐详五业并授。"

《魏志·高堂隆传》："景初中，帝以苏林、秦静等并老，恐无能传业者，乃诏科郎吏高才解经义者三十人，从光禄大夫隆、散骑常侍林、博士静，分受四经三礼，主者具为设课试之法。"

案，三人分授四经三礼，是一人所授非一经也。此虽非博士教弟子之法，然博士授业亦当准之。又，秦静身为博士，弟子甚多，而虑其年老无能传业，是当时博士但备员数，未尝亲授弟子也。

汉博士弟子专受一经，后汉以后则兼受五经：

后汉建初残墓砖："十五入大学受《礼》，十六受《诗》，十七受口，十八受《易》，十九受《春秋》。"

汉博士课试弟子，惟以一艺，后汉以后则兼试五经，

《通典》五十三。二则见上。

此其异也。汉博士秩卑而职尊，除教授弟子外，或奉使，

《汉书·武帝纪》："元狩六年夏，遣博士大等六人分循行天下。"

同上；"元鼎二年夏，大水。秋，遣博士中等分循行。"

同上《终军传》："元鼎中，博士徐偃使行风俗。"

同上《元帝纪》："建昭四年，临遣谏大夫博士赏等二十一人循行天下。"

同上《王尊传》："博士郑宽中使行风俗。"

同上《成帝纪》："河平四年，遣光禄大夫博士嘉等，举濒河之郡水所毁伤，贫乏不能自存者。"

同上："阳朔二年秋，关东大水，流民欲入函谷、天井、壶口、五阮关者勿苛留，遣谏大夫博士分行视。"

同上《孙光传》："光为博士，成帝初即位，数使录冤狱、行风俗、赈赡流民，奉使称旨。"

同上《平当传》："当为博士，使行流民幽州。"

或议政，

《汉书·贾谊传》："文帝召谊为博士，每诏令议下，诸老先生未能言，谊尽为之对。"

同上《文帝纪》："后元年诏曰：'间者数年，岁比不登，又有水旱疾疫之灾，朕甚忧之。其与丞相、列侯、吏二千石、博士议之，有可以佐百姓者，率意远思，无有所隐。'"

同上《武帝纪》："元朔元年冬十一月，诏曰：'朕深诏执事，兴廉举孝。今或阖郡而不举一人，其与中二千石、礼官、博士议，不举者罪。'"

同上《儒林传》：元朔五年，诏太常，其议与博士弟子。"丞相御史言……谨与太常臧、博士平等议。"云云。

《史记·三王世家》：大司马去病请定皇子位。"丞相臣青翟、御史大夫臣汤昧死言，臣谨与列侯臣婴齐、中二千石、二千石臣贺、谏大夫博士臣安等议……云云。"又："臣青翟等与列侯、吏二千石、谏大夫、博士臣庆等议……云云。"

《汉书·张汤传》：武帝时，匈奴求和亲，群臣议上前。"博士狄山曰和亲便。"

同上《律历志》："元封七年，太中大夫壶遂、太史令司马迁等言：'历纪废坏，宜改正朔'是时御史大夫兒宽明经术，上乃诏宽曰：'与博士共议。'"

同上《杜延年传》："始元四年，丞相车千秋即召中二千石、博士会公车门，议问侯史吴法。"

同上《霍光传》："昌邑王即位，行淫乱。光遂召丞相、御史、将军、列侯、中二千石、大夫、博士会议未央宫。"

同上《夏侯胜传》："宣帝初即位，诏曰：'孝武皇帝功德茂盛，而庙乐未称，朕甚悼焉。其与列侯、二千石、博士议。'"

同上《韩延寿传》："萧望之劾延寿上潜不道，愿下丞相、中二千石、博士议其罪。"

同上《韦玄成传》："永光四年，乃下诏先议罢郡国庙，曰：'其与将军、列侯、中二千石、诸大夫、博士议。'"

同上《薛宣传》："哀帝初即位，宣子况、赇客杨明遮斫申咸宫门外，事下有司。御史中丞众等奏况、明皆弃市。廷尉直以为明当以贼伤人不直，况与谋，皆髡减，完为城旦。上以问公卿，丞相孔光、大司空师丹以中丞议是。自将军以下至博士、议郎皆是廷尉。"

同上《朱博传》：左将军彭宣等劾奏博及赵玄，傅晏请诏谒者召诣廷尉诏狱，制曰，"将军、中二千石、二千石、诸大夫、博士、议郎议。"

同上《王嘉传》：孔光等请谒者召嘉诣廷尉诏狱，制曰："票骑将军、御史大夫、中二千石、二千石、诸大夫、博士、议郎议。"

同上《韦玄成传》：哀帝即位，丞相光、大司空武奏言："迭毁之制，宜以时定，臣请与群臣杂议。"于是光禄勋彭宣、詹事满昌、博士左咸等五十三人，皆以为继祖宗以下，五庙而迭毁，孝武皇帝亲尽，其毁。

同上：元始五年，大司马王莽奏："臣谨与太师孔光、长乐少府平晏、大司农左咸、中垒校尉刘歆、大中大夫朱阳、博士薛顺、议郎国由等六十七人议，皆曰宜如建始时丞相衡等议，复南北郊如故。"

中兴以后，此制渐废，专议典礼而已。

《后汉书·光武纪》："建武二年，博士丁恭议曰：'古帝王封诸侯不过百里，故利以建侯，取法于雷，强干弱枝，所以为治也。今封诸侯四县，不合法则。'"

《续汉书·祭祀志》："建武七年五月，诏三公曰：'汉当郊尧，其与卿大夫、博士议。'"

同上："建武十九年，张纯、朱浮奏：'礼为人子事，大宗降其私亲，愿下有司议；先帝四庙当代亲庙者及皇考庙，事下公卿、博士、议郎议。'"

《晋书·律历志》："黄初中，董巴议改历云云。"

案，董巴，魏博士，见后。

《魏书》：《魏志·明帝纪注》引。"景初三年，史官复著言'宜改正朔'。

乃诏三公、特进、九卿、中郎将、大夫、博士、议郎、千石、六百石博议。"

《宋书·礼志》："明帝即位，议改正朔，博士秦静、赵怡等以为宜改。"

同上："博士乐祥议，正月旦受朝贺，群臣奉贽。"

《通典》：八十一。"太和六年四月，博士乐祥议，明帝为外祖母服。"

同上：七十五。"青龙二年，博士高堂隆议执贽。"

同上：五十五。"青龙五年，博士秦静议正朔服色。"

同上：九十一。"魏明帝景初中，尚书祠部问曰：'同母异父昆弟，服应几月？'太常曹毗述博士赵怡据《子游》郑注，大功九月。"

同上：一百四十七。"博士赵怡议，祀天地用宫县。"

同上：四十四。"博士秦静议蜡祭。"

同上：五十五。"博士秦静议，凉州刺史上灵命瑞图，醮告太庙。"

同上：六十九。"博士田琼议，其姓不相为后。"

同上：八十三。"蒋济奏，吊丧去冠非礼意。博士杜希议云云。"

博士秩，汉初四百石，宣帝后为比六百石，

《汉书·百官公卿表》："博士秩比六百石。"

《续汉书·百官志》："博士十四人，比六百石。"本注："本四百石，宣帝增秩。"

魏时为第五品。

《通典》：三十六。"魏官九品。第五品太学博士。"

其长，自秦以后谓之仆射，中兴后为祭酒。

《汉书·百官公卿表序》："仆射，秦官，自侍中、尚书、博士、郎皆有，取其领事之号。"

《续汉书·百官志》："博士祭酒一人，秩六百石。本仆射，中兴转为祭酒。"

博士任用，或征召，

《汉书·贾谊传》："文帝召以为博士。"

同上《张苍传》："文帝召公孙臣以为博士。"

同上公孙弘、疏广、贡禹、龚舍、夏侯胜《传》，《后汉书》卢植、樊英《传》皆云征为博士。

《后汉书·曹褒郭宪传》，皆云征拜博士。

或荐举，

《汉书·成帝纪》："阳朔二年诏曰：'丞相，御史其与中二千石、二千石杂举可充博士位者，使卓然可观。'"

同上《彭宣孔光传》，举为博士。

同上《孟喜传》："博士缺，众人荐喜。上闻喜改师法，遂不用喜。"

同上《王式传》："诸博士皆素闻其贤，共荐式，诏除下为博士。"

《汉官仪》：《后汉书·朱浮传》注及《通典》引。"博士举状曰：'生事爱敬，丧没如礼，通《易》《尚书》《诗》《礼》《春秋》《孝经》《论语》，兼综载籍，穷微阐奥，师事某官，见授门徒五十人以上，隐居乐道，不求闻达，身无金痍痼疾三十六属，不与妖恶交通，王侯赏赐，行应四科，经任博士。'下言某官某甲保举。"

《后汉书·杨震传》："先是博士选举多不以实，震举明经名士陈留杨伦等。"

同上《儒林·周防传》："太尉张禹荐补博士。"

同上《张华传》："郡守鲜于嗣荐华为太常博士。"

或选试，

《汉书·张禹传》："试为博士。"

《续汉书·百官志》太常本注："每选试博士，奏其能否。"

《后汉书·朱浮传》："'旧事，策试博士，必广求详选，爰自畿夏，延及四方，是以博举明经，惟贤是登，学者精励，远近同慕。伏闻诏书更试五人，惟取现在洛阳城者，臣恐自今以往，将有所失，求之密迩，容或未尽，而四方之学，无所劝乐。'"

同上《伏恭传》："太常试，经第一，拜博士。"

同上《陈元传》："太常选博士四人，元为第一。帝以元新忿争，乃用其次司隶从事李封为博士。"

又《儒林·张元传》："会颜氏博士缺，元策试第一，拜为博士。"

或以贤良文学明经诸科进，

《汉书·公孙弘传》："武帝初即位，以贤良征为博士。元光五年，复举贤良文学，拜为博士。"

同上《平当传》："以明经为博士。"

同上《师丹传》："建昭中，州举茂才，复补博士。"

《后汉书·赵咨传》："延熹元年，中农陈豨举咨至孝有道，乃迁博士。"

同上《李法传》："永光九年，应贤良方正对策，除为博士。"

同上《方术·郭宪传》："光武即位，求天下有道之人，乃征宪，拜博士。"

或由他官迁。

《汉书·晁错传》："错为太子舍人门大夫，迁博士。"

同上《翼奉传》："奉以中郎为博士。"

同上《匡衡传》："上以为郎中，迁博士。"

同上《翟方进传》："举明经，迁议郎，河平中转为博士。"

同上《儒林·欧阳生传》："欧阳地余以太子中庶子授太子，后为博士。"

《后汉书·范升传》："建武二年，光武征诣怀宫，拜议郎，迁博士。"

博士或兼给事中。

《汉书·百官公卿表序》："给事中亦加官，所加或大夫、博士、议郎，掌顾问应对，位次中常侍。"

同上《平当传》："为博士、给事中。"

同上《韦贤传》："征为博士、给事中。"

同上《匡衡传》："迁博士，给事中。"

同上《薛宣传》："哀帝初即位，博士申咸给事中。"

同上《师丹传》："给事中，博士申咸、炔钦上书云云。"

《献帝传》：《魏志·文帝纪》注引。给事中、博士苏林、董巴上表云云。"

《魏略》：《魏志·王粲传》注引。"黄初初，以邯郸淳为博士、给事中。"

同上：《魏志·刘劭传》注引。"苏林，黄初中为博士、给事中。"

《魏志·高堂隆传》："明帝以隆为给事中、博士。"

其迁擢也，于内则迁中二千石，二千石，

《汉书·叔孙通传》："汉二年，汉王拜通为博士，号稷嗣君。七年，拜为奉常。中二千石。"

同上《公孙弘传》："拜为博士，待诏金马门，一岁中至左内史。二千石。"

同上《百官公卿表》："博士后苍为少府。中二千石。"

同上《平当传》："为博士、给事中。奉使十一人为最，迁丞相司直。比二千石。"

同上《韦贤传》："征为博士、给事中，进授昭帝《诗》，稍迁光禄大夫。比二千石。"

同上《夏侯胜传》："征为博士、光禄大夫。"

同上《匡衡传》："迁博士、给事中，迁为光禄大夫。"

同上《张禹传》："试为博士，授皇太子《论语》，由是迁为光禄大夫。"

同上《儒林传》："郑宽中以博士授太子，迁光禄大夫，领尚书事。"

《后汉书·桓荣传》："荣为博士，拜博士张佚为太子太傅，中二千石。而以荣为少傅。比二千石。"

同上《儒林·甄宇传》："征拜博士，稍迁太子少傅。"

同上《鲁恭传》；"拜为《鲁诗》博士，迁侍中。比二千石。"

同上《曹褒传》："征拜博士，又拜侍中。"

同上《李法传》："除博士，迁侍中。"

由《儒林·张兴传》："为博士，迁侍中。"

同上《承宫传》："拜博士，迁左中郎将。比二千石。"

或迁千石及八百石；

《汉书·贾谊传》："谊为博士，超迁，岁中至太中大夫。比千石。"

同上《疏广传》："征为博士、太中大夫。"

同上《晁错传》："迁博士，拜为太子家令。八百石。"

同上《翼奉传》："以中郎为博士、谏大夫。比八百石。"

同上《孔光传》："是时博士选三科，高为尚书，次为刺史，其不通政事，以久次为诸侯王太傅。光以高第为尚书。六百石。"

于外则为郡国守相，

《汉书·董仲舒传》："为博士，以贤良对策为江都相。"

同上《萧望之传》："是岁选博士、谏大夫、通政事者，补郡国守相。"

《后汉书·卢植传》："征为博士，出为九江太守。"

同上《儒林·牟长传》："拜博士，稍迁河内太守。"

同上《儒林·周防传》："补博士，稍迁陈留太守。"

同上《儒林·伏恭传》："拜博士，迁常山太守。"

或为诸侯王太傅，

《汉书·儒林传》："辕固以博士为清河王太傅。"

同上《彭宣传》："举为博士，迁东平太傅。"

同上《师丹传》："复为博士，出为东平王太傅。"

《后汉书·杨伦传》："特征博士，为清河王傅。"

或为部刺史、州牧，

《汉书·禹贡传》："征为博士、凉州刺史。"

同上《翟方进传》："转为博士，数年迁朔方刺史。"

同上《儒林传》："胡常以明《穀梁春秋》为博士、部刺史。"

同上《儒林传》："琅邪徐良穀卿为博士、州牧、郡守。"

或为县令。

《汉书·朱云传》："由是为博士，迁杜陵令。"

盖清要之官，非同秩之文吏比矣。

南宋人所传蒙古史料考

凡研究史学者，于某民族史，不得不依据他民族之纪载。如中国塞外民族，若匈奴，若鲜卑，若西域诸国，除中国正史中之列传、《载记》外，殆无所谓信史也。其次若契丹，若女真，其文化较进，记述亦较多，然因其文字已废除，汉人所编之《辽》《金》二史外，亦几无所谓信史也。至于蒙古一族，虽在今日尚有广大之土地与行用之文字，然以其人民、宗教、学问，故当时《纽察脱卜赤颜》秘史。与《阿儿坛脱卜赤颜》之原本，已若存若亡，反藉汉文及波斯文本以传于世。且其国文字创于立国之后，于其国故事，除世系外，殆无所记载。故此族最古之史料，仍不能不于汉籍中求之。而汉籍中所载金天会、皇统间蒙古寇金及金人款蒙一事，在蒙古上世史中，自为最重大之事项，宋时记此事者有二专书，今虽并佚，而尚散见于他籍。其中宇文懋昭《大金国志》一种，传世尤广。西人多桑作《蒙古史》于千一百四十七年，书蒙古忽都剌伐金，金与议和而退，与《国志》所记年岁相合。盖即本诸《国志》者也。嗣后洪侍郎钧、屠敬山寄皆参取宇文《国志》及多桑书以记此事。日本那珂博士通世于《成吉思汗实录注》中引宇文氏书，但以宇文氏书中之熬罗字极烈为蒙古之合不勒罕而非忽都剌罕，然其信宇文氏书，与诸家无异。余去岁草《辽金时蒙古考》，亦但就《国志》录之，当时虽未敢深信，顾未得其所本，姑过而存之，亦未加以辨证。嗣读李心传《建炎以来系年要录》及刘时举《续宋中兴编年资治通鉴》，并记此事，而《要录》尤详，始知《续鉴》《国志》皆本李氏。李氏记此事凡五条，次条无注，首条及后三条并注云："出王大观《行程录》。"而李氏别撰《旧闻证误》，所引王大观《行程录》二条，语亦略同。又李《录》记金人杀宇文虚中事，引《征蒙记》一条，云"王大观《行程录》与之同"，又云"二人皆北人，益知虚中死节无疑也"，知王大观乃金人，其人盖与于征蒙之役，因作《行程录》，与《征蒙记》为同时之作。故二书记事，往往互相表里。如赵珙《蒙鞑备录》所引蒙古称帝改元一事，徐梦莘《三朝北盟会编》所引胜花都郎君北走、宇文虚中谋反二事，并与《行程录》同。顾《征蒙记》一书，徐氏《会编》、岳珂《桯史》、李氏《要录》、赵氏《备录》并引之。陈振孙《直斋书录》亦有其书，是宋末犹有传本。而《行程录》则除李氏外未有征引及之者，虽二书显晦之不同，然其记事则一也。然则此重大事项，有同时人之记述，又有二书互相羽翼，且《征蒙记》一书，又出于蒙古未兴以前，史料之可信，宜无过于此者。然细考二书之记事，乃全与史实不合，盖宋南渡初叶人所伪作而托之金人者。今集录其原文一一条辨之，于蒙古上世史之研究，不为无裨焉。

一、《建炎以来系年要录》：卷九十六。"绍兴五年，金天会十三年。是冬，金主亶以蒙古叛，遣领三省事宋国王宗盘提兵破之。蒙古者，在女真之东北，在唐为蒙兀部，其人劲悍善战，夜中能视，以鲛鱼皮为甲，可捍流矢。下略。原注：以张汇《金虏节要》、洪皓《记闻》、王大观《行程录》参修。《蒙古编年》谓之萌骨子，《记闻》谓之盲骨子，今从《行程录》。"

二、同上：卷一百三十三。"绍兴九年，金天会二年。女真万户呼沙呼此四库馆臣校改《大金国志》作胡沙虎，当是《要录》原文。北攻蒙古部，《国志》作盲骨子。粮尽而还。蒙古追袭之，至上京之西北，大败其众于海岭。"

三、同上：卷一百四十八。"绍兴十三年金皇统三年。三月，蒙古复叛金，金主亶命将讨之。初，鲁国王昌既诛，其子星哈都《大金国志》作胜花都。郎君者，率其父故部曲以叛，与蒙古通。蒙古由是强取二十余团寨，金人不能制。原注：据王大观《行程录》。案《松漠纪闻》，达齐长子大伊玛被囚，遇赦得出。次子勋，今为平章。皓以今年六月归，乃不见此事，未知孰的，今姑附见，更俟详考。"

四、同上：卷一百五十五。"绍兴十六年金皇统六年。八月，金元帅兀术之未卒也，自将中原所教神臂弓弩手八万人讨蒙古，因连年不能克，是月，领汴京行台尚书省事萧博硕诺《大金国志》作萧保寿奴。与蒙古议和，割西平河以北二十七团寨与之，岁遗牛羊米豆，且命册其酋鄂伦贝勒《国志》作熬罗孛极烈。为蒙古国王，蒙人不肯。原注：据王大观《行程录。》"

五、同上：卷一百五十六。"绍兴十七年金皇统七年。三月，蒙古与金人始和。岁遗牛羊米豆绵绢之属甚厚。于是蒙古鄂伦贝勒乃自称祖元皇帝，改元天兴。金人用兵连年，卒不能讨，但遣精兵分据要害而还。原注：此据

王大观《行程录》。案《录》称岁遗牛羊五十万口，米豆共五十万斛，绢三十万匹，绵三十万两，恐未必如此之多。今削去其数，第云甚厚，更俟详考。"

六、《旧闻证误》：卷四。"皇统四年秋，元帅遣使报监军原注：时监军者讨蒙古。曰：'南宋以重兵逼胁，和约大定，除措置备御，早晚兵到矣'。至次年冬十月，元帅亲统大军十万众，水陆并集。原注：出王大观《行程录》。案皇统四年甲子，本朝绍兴十四年也，前二年已分画地界矣。不知兀术何以历二年之久而后加兵于蒙古，恐必有误。"

七、同上：卷四。"皇统七年春三月，国使还。蒙古许依所割地界，牛羊倍增。金国许赐牛羊各二十五万口，今又倍之，每岁仍赂绢三十万匹，绵三十万两，许从和约。原阙书名，四库本注云，当出王大观《行程录》。案本朝岁遗北人银绢各二十五万匹两，而北人遗蒙古乃又过之，恐未必然。"

上所集七事，次条及末条李氏未注所出，余皆云出王大观《行程录》。然次条与一、三、四、五诸条，相为首尾，自当同出一书。末条之出《行程录》，则有第五条注可证，馆本案语不为无根也。李氏于第三、第五、第六、第七诸条并有疑辞，第三条注，据洪忠宣《松漠纪闻》，疑鲁国王昌即挞懒。子无胜花都其人。案：《金史》《纪》《传》载挞懒二子，曰斡带、乌达补，与挞懒同时被诛，而《纪闻》所云"次子勗今为平章"者，据《金史》《表》《传》，乃挞懒之弟而非其子。然则据《纪闻》以驳此《录》，亦以五十步笑百步耳。惟因《纪闻》不记此事，疑为虚诞，则极有理。案忠宣在金，颇周旋于悟室诸贵人之间。如挞懒果有子通蒙古，蒙古果有寇金事，忠宣不容不知。而忠宣记萌骨子挞懒事，并未及此，此与其所驳三、四、六、七诸条，均无可解答者也。顾记事之误，古人大抵有之，而必以此《录》为伪书者，尚有他说。

一、征蒙本事之无根也。据第一条，则天会十三年征蒙之役，主帅为领三省事宋国王宗盘。案《金史·熙宗纪》，宗盘与宗翰、宗幹并领三省事在十四年三月，且《纪》及《宗盘传》并无征蒙事。又据第六条，则皇统四年征蒙主帅为监军某。考是时突合速与娄室子活女相继为元帅左监军，大杲为右监军，并见《金史》本传，而大杲方在汴行元帅府事，则征蒙之监军，非突合速即活女也。而突合速及活女《传》并无北征事。又据第四、第六两条，宗弼于皇统五年冬自将征蒙古，又即殂于是月，《录》虽未见宗弼之卒，然于皇统六年书"金元帅兀术之未卒也"云云，则六年已卒可知。《征蒙记》以为卒于五年十月，《北盟会编》《系年要录》皆从之。其实卒于皇统八年。

说见后。则卒于军中可知。而《金史》纪传并无此事。盖天眷、皇统间，蒙古小小侵盗，事或有之。金主亮宣谕宋国信使副徐嚞等公文见《北盟会编》卷二百二十九。云："向来北边有蒙古、鞑靼等，自东昏王熙宗降封之称。时数犯边境。"洪适撰其父《忠宣行状》《盘洲文集》卷七十四。载："绍兴十二年金人求取赵彬辈三十家。忠宣谓秦桧曰：'彼主困于蒙兀，姑示强以尝中国'"似《行程录》所记不为无因。然金亮宣谕之文，乃因背盟事决，故藉北征蒙鞑之名以拒宋使入境，本不可据为典要，则洪忠宣之言，亦不过一时折秦桧之辞。其作《松漠纪闻》，亦但云"盲骨子与金人隔一江，尝渡江之南为寇，御之则返，无如之何"而已，岂有兴师十万，用兵数年，元戎老于行间，国力殚于养寇，而史官载笔，乃无一字及之者乎？此可断为伪者一也。

二、宗弼卒年之歧误也。宗弼之卒，《金史·熙宗纪》云皇统八年十月辛酉，本传不书月日，而系年则同。而宋人之书，如《北盟会编》《系年要录》，皆系于绍兴十五年，即皇统五年，实本于《征蒙记》及此《录》。二者虽未易定其是非，然元人修《金史》时，《熙宗实录》虽亡，而金时所修《国史》，尚有太祖、太宗、熙宗、海陵四朝本纪，见《滋溪文稿》卷二十五《三史质疑》。则《金史·熙宗纪》当本金《国史》之旧，与卫绍王、哀宗二《纪》无所凭藉者不同，其所记年月自足依据。此《录》系之皇统五年，自为巨谬。且宗弼与宋定和约在皇统元年，乃至四年秋而始有发兵之书。既以四年发兵，而兵集乃在五年之冬，又既以兵集之月死，而又云连年不能克。种种矛盾，决非身在行间者之语。此可断为伪者二也。

三、人名官名之附会也。《录》中人名，除兀朮外，尚有胡沙虎、萧保寿奴二人，皆金熙宗时在汴京差除之官，《伪齐录》："金人废刘豫后，天会十五年。以女真胡沙虎为汴京留守，又以契丹萧保寿奴兼行台尚书右丞相。"《金史·熙宗纪》："天眷二年，以挞懒为行台左丞相、杜充为右丞相，萧宝、邪律晖为行为台平章政事。"又"皇统七年十月壬子，平章行台尚书省事奚宝薨"。案萧保寿奴、萧宝、奚宝实系一人。《金史·熙宗纪》："天辅二年闰月，九百奚部萧宝率众来降。"是宝本奚人，故举其姓谓之萧宝，举其部族谓之奚宝，又奚与契丹种族最近，又久服属于契丹，故又谓之契丹萧保寿奴。是萧宝初为行台右丞相，后降为行台平章政事，至皇统七年卒官，初未尝领行台尚书省事。是时领行省者，实为宗弼。宗

弼将死而勖继之，二人皆金之懿亲或"尊"属也。盖征蒙与乞和二事，本南人向壁虚造，乃借《伪齐录》中胡沙虎、萧保寿奴之名以资点缀，此可断为伪造者三也。此《录》记事盖无一足信，更以之与《征蒙记》相参校，则愈明白矣。

《征蒙记》一卷，《直斋书录解题》云："金人明威将军登州刺史李大谅撰。建炎巨寇之子，随其父成降金者也。所记家人当作蒙人，因字形相近而误。跳梁，自其全盛时已不能制矣。"云云。其书久佚，《北盟会编》引其书凡千五六百言。赵珙《蒙鞑备录》亦引其语，而《系年要录》及《桯史》所引均在《会编》中。或转从《会编》录之。其书大抵与《行程录》相表里，今就《会编》所引者疏通证明之，其作伪之迹尤为显著，条列如下。

《三朝北盟会编》：卷一百九十七。"伪官李成男李大谅《征蒙记》曰：'天眷元年，都元帅鲁国王闼辣总四辅南行府都统河南诸路军兵公事总督都元帅。大王四太子至京，呼四辅谕曰："都元帅割三京与南宋，何缘不与吾计议？其中都元帅必有逆谋，欺罔国朝，恐与南宋别有异图，其理未当。尔等四辅自今后都元帅府应有行移军文字，如吾不在府第，无吾手押，不得承受回报。故来面谕尔等，切宜谨守。只待吾急赴国朝，整会割还地土。"是时大谅父成在中山府，谓大谅曰："今北狄猖獗，非吾所忧。吾虑者都元帅兀术性刚，恐还朝有异议。又都元帅长男胜都花引大族下骑兵及万户北入沙漠省亲，恐副元帅北征，相遇未便，吾虽走骑报知令回避，未知何如。"次年皇统元年，副元帅诏至行府，数都元帅南和宋好，包逆甚明，已将逆贼诛废。有长男胜都花知罪惧诛，虏掠北道，分遣精骑追袭杀捕。王山言兀术之戕其叔挞懒也，帛练拉杀之，其家三百余口，皆以帛练拉杀，合焚其户，屠其所居之地，三村之人皆不留。'"

案金时始任都元帅者，为太宗母弟杲，而宗翰继之。天会十三年，宗翰为太保，其位始虚。十五年七月，宗翰薨。十月，乃以元帅左监军挞懒为左副元帅，宗弼为右副元帅。至天眷二年七月，以右副元帅宗弼为都元帅，左副元帅挞懒为行台左丞相。是挞懒未尝为都元帅也。又宗弼自军中入朝，请诛挞懒，在天眷二年。此《记》以为元年，非是。至谓"都元帅长男胜都花引大族下骑兵及万户北入沙漠省亲"，尤为不然。《金史·挞懒传》，废刘豫时，天会十五年。"挞懒与右副元帅宗弼俱在河南。明年天眷元年。朝京师。及挞懒与宗磐谋反，天眷二年。出为行台左丞相，手诏慰遣。

至燕，复与翼王鹘懒谋反。熙宗乃下诏诛之。挞懒自燕南奔，追而杀之于祁州。"《宗弼传》亦言："宗弼往燕京诛挞懒，挞懒自燕南奔，将南人于宋，追而杀之于祁州。"祁州者，自燕入宋之道，非入沙漠之道，是挞懒获罪后，未尝北至沙漠，何以胜都花乃入沙漠省亲？惟张汇《金虏节要》谓："挞懒初欲南归朝廷，不克。既而北走沙漠儒州望云凉甸。今直隶赤城县。兀术遣右都监挞不也追而获之，下祁州元帅府狱。"果如其说，则挞懒父子北走，当在宗弼往燕京图挞懒之后，不在其自军中入朝之时，何缘与之相遇乎？至熙宗天眷之元，共历三年。此以天眷元年之明年为皇统元年，尤为巨谬。

《三朝北盟会编》：卷二百十五。"金人李大谅《征蒙记》曰：'皇统元年，副元帅兀术诛都元帅挞辣，以割河南还大宋有逆谋，提兵过江复取河南。四年回师，谓南北行府三帅曰："吾顷因国有叛臣，结连南宋，自引军吊伐，问罪宋国。大军至亳州，由庐越淮，桥道阻遏车骑，吾心荧惑未决。忽淮阴二进士远来献陈平宋国策，时吾急遣龙虎阿鲁保二帅探路先行，韩常周荣骑兵至淮上，吾入盱眙。疑有重兵把路，龙虎使人报曰：'淮南无一人一骑为备，已遣五千骑越淮，分守盱眙龟山，把截水陆两势造桥。'吾大喜，昼夜兼行，至淮上。果桥成六座，分步骑径济淮源，占据运河，摆布斥候，细观南耗，东过淮阴，南至六合，西临昭信，昼夜不绝。因观宋室所立龟山城寨，临淮分势，就山为隘，若聚粮屯兵，此地据守，吾虽铁心，未敢轻举。但见空壁，吾心自恃。宋室虽有建城立势之心，而无聚粮据守之法。又观二进士所陈图策，淮南路盱眙至楚州，行路窄隘，左有长淮，右临河渠，粮道遥远，有过邵伯。至山阳人骑回，惟是获到菱实鸡头莲子。闻诸军不避寒酷，踏泥打冻，决池涸港，掘藕拾菱，寻鱼摸蚌，又宰杀骡马，相兼为食。诸军饥苦之声，耳不忍闻，但虚心宽谕而已。又诸军士云，辎重俱尽，有食奴婢者。又多言南军不测，要回淮上。惟吾心所料，南宋既修盱眙，此乃据山临水大利之势，尚无守法措置，安有智谋就吾敌也？决无渡江之理。吾独与萧平章计议，大言檄书于宋，若从此约，请诣辕门计议，如敢违拒，水陆星电越江。萧平章南去，日视诸军饥心嗷嗷，忘失昼夜。龙虎阿鲁保言，'若南宋受檄，犹得半军回，若宋兵渡江，不击自溃。'王曰：'尔论正与吾心同。'吾西望粮音，南听萧信，心神不宁，如此月余。忽萧平章跃骑走报，不觉喜感天神，与南使同来，议止淮为界。誓约定，南使回，吾班师回泗，点集兵马辎重，

骧马依稀四分，奴婢十中无六七，惜哉！军机至此而不能决，若能决，无一人一骑得回也。吾私心用智，但一檄书下宋取捷，乃万世不传之上策。吾近因贼徒激恼气冲。吾守顺昌，箭疮发作，遇阴雨痛连骨髓。忽承诏报，宇文国相连中外官守七十余员，欲乘边事未息及迁都之冗谋反，幸得万户司寇惟可也告首，捕获宇文等，请帅暂归朝议事"。至五年《会编》脱此二字，据《要录》所引增。十月，宣到皇叔都元帅辽国王危笃亲笔，遗四行府帅曰："吾天命寿短，恨不能与国同休。少年勇锐，冠绝古今。事先帝南征北讨，为大元帅左都监，行营号太子军。东游海岛，南巡杭越，西过兴元，北至小不到云城。今契丹汉儿侍吾岁久，心服于吾，吾大虑者，南宋近年军势雄锐，有心争战，闻张、刘、韩、岳例有不协，国朝之幸。吾今危急，虽有其志，命不可保。遗言于汝等：吾没后，宋若败盟，招贤用众，大举北来，乘势撼中原人心，复故土如反掌，不为难矣。吾分付汝等：切宜谨守，勿忘吾戒。如宋兵势盛敌强，择用兵马破之；若制御所不能，向与国朝计议，择用智臣为辅，遣天水郡王桓安坐汴京，其礼无有弟与兄争，如尚悖心，可辅天水郡王并力破敌，如此又可安中原人心，亦未深为国朝患害，无虑者一也。宋若守吾誓言，奉国朝命令，时通国信，益加和好，悦其心目，不数岁后，供需岁币，色色往来，竭其财赋，安得不重敛于民？江南人心奸狡，既扰乱非理，人情必作叛乱，无虑者二也。十五年后，南军衰老，纵用贤智，亦无驱使，无虑者三也。俟其失望，人心离怨，军势隳堕，然后观其举措。此际汝宜一心选用精骑，备具水陆谋用才略，取江南如拾芥，何为难耶？尔等切记吾嘱。吾昔南征日，见宋用军器，大妙者不过神臂弓，次者重斧，外无所畏。今付样适之"。无帅死，赠大孝昭烈皇帝。'"

案此节抵牾失实，亦与前同，兀朮杀挞懒事，在天眷二年，而此以为皇统元年。兀朮遣萧毅使宋，约与宋画淮为界，在皇统元年。宇文虚中之死，在皇统六年，此本《金史·熙宗纪》及《虚中传》。《宋史》本传云绍兴十四年，则为皇统四年。《行状》云绍兴乙丑，则皇统五年也。《会编》《要录》皆从之。而此并以为皇统四年。兀朮之死，在皇统八年，而此以为五年。《会编》《要录》皆从之。此年岁之不合者也。萧毅使宋时，其官载于《国书》者为行台尚书户部兼工部侍郎兼左司郎中，并非平章，而平章政事萧宝则未尝使宋，此云"萧平章南去日"云云，盖误合萧宝、萧毅为一人。宇文虚中仕金，官至翰林学士承旨礼部尚书，国相之称，更为鹘突。至钦宗北狩后，以皇统元年封天水郡公，至海陵正隆元年，《纪》书"天水郡公赵桓薨"。是钦宗未尝有郡王之封也，而此云"天水郡王桓"，尤类野语。又云兀朮死"赠大孝昭烈皇帝"，案金时追帝者，如景宣皇帝、德宗、睿宗、显宗，皆以其子为帝追尊，其余宗属有开国大勋者，若宗翰、宗望，皆无追帝之事。宗弼之亲与宗望等，而功则不逮，更不容独蒙帝谥。故岳珂《桯史》、李心传《要录》皆以为疑。此称名之不合者也。李成父子本雄州归信人，而此《记》云，兀朮"提兵过江复取河南"，以黄河为江，北人必无此语。又兀朮语中云"惜哉！军机至此而不能决"，此全是宋人语气。此文字之不合者也。若兀朮皇统元年冬南侵之役，时两国讲和已有成议，信使往还，络绎于道，宋人敛兵江南，绝无抵抗。《北盟会编》于金人陷泗州及楚州后，载张俊之言曰："南北将和，虏谓吾怠，欲摅柘皋之愤耳。勿与交锋，则虏当自退。"阴遣戚方至泗州巡绰，金人果引去。是金人此次渡淮，不过以偏师致怨，且以促和，决无须无帅亲行。就令亲行，亦决无此《记》所述狼狈之理。又兀朮皇统四年危笃亲笔云"张、刘、韩、岳例有不协"，此时岳已前死，张、刘、韩三人亦早释兵柄。此事实之不合者也。综此二节所记述观之，知《征蒙记》之失实，与《行程录》同。使二书为后世追记之书，或远道纪闻之作，则虽有误谬，绝不至发生事之有无及书之真伪之问题。然王大观书名《行程录》，乃记所经历者，李大谅亦同时人，又官至刺克，非草野僻陋可比，岂有身在行间，目击时事，而记述荒谬至于此极者乎！且二书所记年月事实，胥与正史不合，而二书则事事相合。知此二书实一人所伪撰，或一书之变名，且出于南人之手而托之北人者也。原宋人所以伪为此种书者，缘南渡之初，庙算与国论恒立于相反之地位。当局者度一时之耻辱，故以和为主，其极也至于称臣受册而不恤。舆论激于一时之利害，故以战为主，而不复问彼我之情势。逮和议既成，则国论屈于庙算，而人心之激昂则或倍于前。其作伪书以叙述国耻者，则有若《孤臣泣血录》《南烬纪闻》等。而《行程录》及《征蒙记》则又托为北人之言，一面造作蒙古寇金事，以示金人在北方常有后顾之忧，一面造作兀朮诸书，以证明金人虚声恫喝之故技及南征狼狈之状，凡此皆当时不满于和议之所为也。其书既为南人所伪记，则其中所载蒙古事，自无史学上之价值，由是蒙古史中不能不删去最古之一大事项。而断定蒙古之信史，当自成吉思汗始也。又有与皇统征蒙事相类者，则蒙古助爱王寇金一事也。此事出张师颜《金人南迁录》，而《大金国志》仍之。《南迁录》一

书，今有传本，故其事不烦复述。又其书之伪，前人已有定论，亦不待再论。考此书出于金陵迁后一二年，李心传《建炎以来朝野杂记》乙集卷十八。女真南徙条末有注云："近传《南迁录》，事悉差误，盖南人伪为之，今不取。"考《朝野杂记》乙集成于宋宁宗嘉定九年，即金南迁后二年。此时已见其书，且已烛其伪。李氏尚有《辨南迁录》一卷，见于《宋史》本传，则不知著于何年。赵与时《宾退录》三。云："近岁金虏为鞑靼所攻，自燕奔汴，有《南迁录》一编盛行于时，其实伪也。卷首题通直郎秘书省著作郎骑都尉赐绯张师颜编。虏之官制，具于土民须知，独无通直一阶，其伪一也。虏之世宗，以孙原王璟为储嗣，父曰允恭，璟立，追尊允恭为显宗，《录》乃谓璟为允植之子，其伪二也。虏之君臣虽以小字行，然各自有名，粘罕名宗维，兀术名字弼，《录》乃称宗献王罕、忠烈王术，其伪三也。虏事，中国不能详，然灼知其伪者已如是，而士大夫多信之。"陈振孙《书录解题》云："《金人南迁录》一卷，称伪著作郎张师颜撰。顷见此书，疑非北人语，其间有晓然附会者，或曰华岳所为也。近扣之汴人张总管翼，云岁月皆抵牾不合，益证其妄。"赵珙《蒙鞑备录》云："蒙人不知何为国号，何为年号。《南迁录》载鞑有诏与金国，称龙虎九年，非也。此皆宋人语。"元苏天爵《三史质疑》《滋溪文稿》卷二十五。亦云："叶隆礼宇文懋昭辽金《国志》皆不及见《国史》，其说多得之于传闻。盖辽末金初，神官小说中间失实处甚多。至于建元改号，传次征伐，及将相姓名，往往杜撰，绝不可信。如张师颜《南迁录》尤为纰缪。"此宋元以来定论如此。《四库全书总目》复痛论之曰："案《金史》，世宗太子允恭生章宗，而夔王允升最幼。今此书乃作长子允升，次允猷，次允植。允升、允猷以谋害允植被诛，而允植子得立为章宗，世次具不合。又称章宗被弑，磁王允明立为昭王，昭王又被弑，立潍王允文为德宗，德宗殂，乃立淄王允德为宣宗，与史较多一代，尤不可信。又《金史》，郑王允蹈诛死绝后，不闻有爱王大辨其人，所称天统、兴庆等号，《金史》亦无此纪年。舛错缪妄不可胜举云云。"然则此书之伪，更不待论。然爱王之事，金时民间实有此种传说，南人遂附会点缀以成此《录》，绝非其所创造。《金史·镐王永中传》："宣宗贞祐三年，太康县人刘全尝为盗，亡入卫真界，诡称爱王。所谓爱王，指石古乃。永中长子。石古乃实未尝有王封，小人妄以此目之。事觉被诛。兴定二年，亳州谯县人孙学究私造妖言云：'爱王终尝奋发，今匿迹民间号刘二。'卫真百姓王深等皆信以为诚然。有刘二者出而当之。事觉诛死者五十二人，缘坐者六十余人。"是金南迁之初，有自称爱王者，其一在贞祐三年，正与《南迁录》成书时相当。然此传说之起，实远在章宗之世。李心传不信《南迁录》者也，其所撰《朝野杂记》亦记爱王事，乙集卷十九女真南徙条云："初，璟章宗名。之立也，越王、郑王皆有不平语。璟召郑王杀之。绍熙四年十一月。越王有二子，长曰爱王，越妃所生，葛王谓世宗。爱之，赐以铁券。璟恶之而不敢杀也。爱王寻居上京以叛，越王遂为璟所杀。庆元三年五月。璟死无子，而雍之诸子惟允济在，璟所嬖内侍李黄门传璟遗命，与尚书右丞撒罕勒共立之。爱王时在中都，允济疑其为变，囚之真定。"

案：此条记事虽略在《南迁录》之后，然卷十三《杂事门》已有爱王之叛一条云："爱王，葛王孙也。始，允恭既早世，葛王爱其兄越王，欲立之，既而不果。今主立，爱王遂谋叛，为其妻父仆散琦所告。事觉，乃以放牧会宁府为名，据上京以叛，明昌六年三月丁酉也。金主三召之不至，因结契丹、鞑靼、蒙国以叛，取慈、岳等州。时越王在咸平，契丹檄金人，请立之为帝。金主徙王于庆阳。五月丁酉，赐王死，诛其家人八十余人。惟越王在焉，至今为金国患。仆散琦即承安四年来贺上生辰者。（明昌六年，本朝庆元元年，承安四年，本朝庆元六年。作此《录》后数年，乃见有《记房中事》者，以爱王为鄌王允恭之子。案允恭乃原王璟之父，淳熙十六年三月密札下沿边诸州，避其名讳甚详，昔以为鄌王后，实误甚矣。）"

案：此条称章宗为今主，则记此条时，章宗尚存。考《朝野杂记》甲乙二集《序》，甲集成于嘉泰二年，乙集着手于嘉泰四年，而中断于开禧元年，后复编次成书，至嘉定九年成而序之。则此条前半，当是嘉泰、开禧间所记。当金章宗泰和四、五年。而编末附记者，则嘉定间所续也。所记与《南迁录》颇有异同，而亦有爱王结契丹、蒙古之说。惟《南迁录》以爱王为郑王子，李氏以为越王子，又所引《记房中事》书以为鄌王子。案鄌王初封越王，宋人多以其初封呼之，是二说原无差异。允恭亦永中之音论讹，此与《金史》所载爱王指石古乃之说，正相符合，盖三者同出一源。考金自明昌以后，北垂多事，三次远征与筑壕之役，前后数年，天下为之骚动。镐、郑二王适以此时先后被诛，而镐王尤为无罪。民间不知征调之因，因讹传爱王作乱之说，此与钱少詹《金史考异》以明昌、承安间兵事未见叛者主名，遂疑爱王实有其人，古今心理正复相同。实则当时扰边

者，为蒙古别部合底忻、山只昆，而牵连及广吉剌与阻卜。《金史》宗浩、夹谷清臣、内族襄诸《传》叙次甚明，余于《辽金时蒙古考》已详著其事。爰王事之为讹言，不待论也。此讹言传于本国，乃有刘全、刘二假借名义以倡乱，于十年或二十年之后传于国外。别有井研李氏之记事，且为《南迁录》附会之中心，更分派而为《大金国志》。至近世史学大家钱竹汀氏尚惑其说，亦可谓妖言也已。以其与皇统征蒙事相类，故附论之。